HET EINDE VAN DE BV NEDERLAND

KIM PUTTERS

HET EINDE VAN DE BV NEDERLAND

OVER DE NOODZAAK VAN EEN VERHAAL VOOR ONZE SAMENLEVING

2022 Prometheus Amsterdam

Omslagontwerp Suzan Beijer
Foto omslag Amsterdam Light Festival/Berlinda van Dam/ANP
www.uitgeverijprometheus.nl
ISBN 978 90 446 5153 9

INHOUD

1

EEN AFGEBROKKELD SOCIAAL CONTRACT

Wat is het verhaal van Nederland in de snel veranderende wereld? Wat voor samenleving willen we nu en in de toekomst zijn? Dat zijn nog geen gemakkelijk te beantwoorden vragen. Er zijn altijd meerdere verhalen te vertellen en de wereld verandert minder snel dan we soms denken. Desondanks zijn veel Nederlanders wel onzeker over de toekomst en hebben ze zorgen over vandaag.

Behoefte aan creatieve oplossingen voor lastige maatschappelijke opgaven

Dat is niet vreemd als je de maatschappelijke opgaven van nu en voor komende generaties tot je door laat dringen. Niet alleen neemt de diversiteit van onze bevolking verder toe, onder meer door vergrijzing en migratie, het stelt ons ook voor scherpe keuzes rond bijvoorbeeld de betaalbaarheid en beschikbaarheid van zorg, onderwijs, woningen en pensioenen. Onze economie moet daarnaast verduurzamen en we moeten onze levenswijze veranderen door klimaatverandering. En een pandemie zoals corona of een oorlog zoals in Oekraïne is zomaar dichtbij en zet alles op zijn kop. Het zijn lastige opgaven, omdat ze vragen om kortetermijnafwegingen met langetermijndoelen, en samenwerking tussen een complex samenspel van overheden, bedrijven, instellingen en burgers. Dat vergt de nodige creativiteit (Van den Broek et al., 2016; SCP, 2021).

Er is al jaren veel behoefte aan duiding hoe dit samenkomt, maar ook aan creatieve oplossingen voor de groeiende kansenongelijkheid en verschillen in levensverwachting tussen meer en minder geschoolden en mensen met en zonder migratieachtergrond. Jongeren zien hun mogelijkheden om een goed leven op te bouwen kleiner worden. Er is onzekerheid over de banen van de toekomst en wie daar kans op maakt, wie de verduurzaming van woningen kan betalen en hoe we in een diverse bevolking met elkaar om moeten gaan. Er zijn grote verschillen tussen mensen die het steeds beter hebben en daar goed op kunnen anticiperen, en mensen met wie het minder goed gaat. De belofte van meer welvaart voor iedereen door economische groei gaat niet automatisch op. In de coronaperiode werd extra goed zichtbaar dat er winnaars en verliezers zijn aan te wijzen. De tegenstellingen nemen toe, wat kan leiden tot minder sociale samenhang en minder vertrouwen in elkaar en in de instituties. Minder vertrouwen in een gedeeld verhaal over en voor Nederland.

Overheidssturing schiet regelmatig tekort

De manier waarop de overheid probeert hierop in te spelen, schiet regelmatig tekort. Te vaak constateren we in onderzoek dat overheidsbeleid uitgaat van onrealistische aannames, bijvoorbeeld over hoe zelfredzaam mensen zijn en wat ze allemaal zelf moeten (gaan) regelen in de zorg of in het onderwijs. Te veel beleid zit vast in wetten en kokers die alleen gaan over werk of zorg of onderwijs, terwijl in ons leven van alledag alles tegelijkertijd aan de orde is. Iemand kan zorg nodig hebben, maar als schulden het echte probleem zijn los je de problemen niet op met een arts.

Kansenongelijkheid is niet af te kopen via een toeslag of subsidie. Het vraagt een brede aanpak van achterstanden in onderwijs, op de arbeidsmarkt en bijvoorbeeld in de jeugdzorg. Dat werkt allemaal op elkaar in. Goedbedoelde maar slecht doordachte maatregelen kunnen de verschillen tussen groepen ook groter maken en de kansen voor mensen in kwetsbare posities kleiner. Uiteindelijk pakt dat slecht uit voor mensen, maar straalt het ook af op een overheid die weinig empathisch en niet effectief is.

In het regeerakkoord van het kabinet-Rutte IV klinkt daarover enig besef door. Het kabinet schrijft een disclaimer bij alle voorgenomen maatregelen: 'Bij onze ambities hoort ook dat we de overheid zelf verbeteren. [...] De sterke overheid die wij voor ons zien heeft oog voor de menselijke maat, is begrijpelijk, bereikbaar en aanspreekbaar door inwoners, en herstelt op die manier het vertrouwen' (Regeerakkoord, 2022). Verstandig, want het trackrecord is niet best. Maatregelen worden met gemak een paar jaar later weer teruggedraaid, of dat nu het leenstelsel voor studenten is of de manier waarop we nieuwkomers laten inburgeren. Er is een sterke neiging te denken vanuit maatregelen, waar mensen zich naar moeten gaan gedragen, in plaats van te denken vanuit mensen.

Een overheid die alsmaar gedrag probeert te sturen zonder echt te koersen op wat voor samenleving je wilt zijn, loopt vast. De klimaatcrisis stelt ons gezamenlijk voor maatschappijbrede afwegingen, net als de coronacrisis en de groeiende kansenongelijkheid, die het besef vergroten dat we uiteindelijk sterk van elkaar afhankelijk zijn. Nederland heeft meer verhaal nodig over hoe we die vraagstukken samen aanpakken. Dat vraagt om meer dan een lijst beleidsmaatregelen.

Sociaal contract op de proef gesteld

Dat gaat over hoe we met elkaar samenleven en wat we de komende jaren van elkaar mogen verwachten. Ofwel ons zogenaamde 'sociaal contract' (Putters, 2018; Omtzigt, 2021). De geschreven en ongeschreven regels waarin de overheid, burgers en bedrijven met elkaar de macht delen, verwachtingen van elkaar hebben en rechten en plichten delen. Vanuit waarden van sociale bescherming, solidariteit en rechtvaardigheid. Niemand vraagt om je handtekening onder dat contract. Het is er gewoon en je bent er onderdeel van. Je moet er ook op kunnen rekenen, bijvoorbeeld dat niemand door de sociale basis zakt die in Nederland ook door mensenrechten wordt gegarandeerd, en dat de overheid zich houdt aan beginselen van behoorlijk bestuur. Nu blijkt de overheid niet altijd betrouwbaar en succesvol. Zo zitten er structureel mensen in armoede en worden bijvoorbeeld jongeren met gecombineerde hulpvragen en problemen in de jeugdzorg niet altijd geholpen. Sommigen lopen vast in de complexe regelgeving van de zorg. En de kinderopvangtoeslagaffaire liet zien dat de overheid mensen ook onrechtvaardig behandelde door hen onterecht als fraudeur te behandelen en straffen.

Het sociaal contract gaat uit van rechtvaardigheid en eerlijke kansen voor iedereen. De verschillen in kansen op een goed leven zijn echter groot, met name tussen meer en minder geschoolden. Dat versterkt de tegenstellingen in de samenleving. Daarover ontstaat al langere tijd een gepolariseerd beeld in het politieke, bestuurlijke en maatschappelijke debat. Het lijkt soms alsof Nederland in rap tempo polariseert. Dat zien we in onderzoek niet zo scherp terug. Nederlanders vertrouwen elkaar in hoge mate, maar vrezen wel de tegenstellingen en polarisatie (Beugelsdijk et al., 2019; Hoff et al., 2021). Er is veel behoefte aan verbinding, maar het lukt niet iedereen die te realiseren. Lange tijd leek het: 'met mij gaat het goed maar met ons gaat het slecht'. Het lijkt er echter op dat het met sommigen steeds beter gaat en met anderen juist niet, terwijl het beeld van de samenleving soms negatiever lijkt dan het in de werkelijkheid is.

Hoe zit het feitelijk en werkt ons sociaal contract nog om gezamenlijk koers op de toekomst te houden, of is het aan herijking toe? Dat we in onze haastige samenleving weinig tijd voor reflectie op de feiten hebben, en maar beperkt nadenken over zo'n vraag, is wellicht de verklaring waarom het Sociaal en Cultureel Planbureau (SCP) – en de directeur daarvan – zo veelvuldig de vraag krijgen om 'het' te komen uitleggen en te komen inspireren. Het SCP onderzoekt hoe het met Nederland en de Nederlanders gaat en deelt die kennis over onze kwaliteit van leven en hoe we met elkaar samenleven ten behoeve van beter onderbouwd overheidsbeleid. Die inzichten helpen om regelmatig anders naar de samenleving te kijken en een spiegel voor te houden. Waar vinden we bijvoorbeeld het Nederland waar mensen wel verbonden zijn en goed proberen samen te leven? Wat leert dat wellicht over 'ons' en onze toekomstige samenleving, en wat betekent het voor de rol van de overheid?

Wat is ons verhaal?

Ik zoek in dit boek – in een terugblik op bijna tien jaar Nederland – voor u de reflectie op, maar voor antwoorden naar de toekomst bent u ook echt zelf nodig. Verwacht dus geen spreadsheet met oplossingen.

2

DE ANDERE KANT VAN ONZE WELVARENDE SAMENLEVING

Een samenleving in verandering zoekt een weg naar de toekomst, maar heeft daarbij houvast nodig. Immers, wie met de tijdgeest trouwt, zal snel een weduwnaar zijn, betoogde filosoof en cultuurcriticus Søren Kierkegaard in de eerste helft van de negentiende eeuw al. We hebben de neiging veel in het hier en nu te bezien, maar daarbij de langetermijngevolgen voor onze samenleving te onderschatten. Zeker als de (ervaren) tegenstellingen en daardoor de spanningen toenemen. Vanuit de samenleving bezien begint het ermee dat we moeten willen weten hoe het met ons gaat. Ook als de feiten niet welgevallig zijn. Dus wat de verschillen tussen groepen zijn en hoe dat – ook op langere termijn – de kansen en het thuisgevoel van mensen stuurt. Als we de feiten op een rij hebben kunnen we wellicht anders leren kijken naar onze gezamenlijke toekomst.

Achter gemiddelden gaan maatschappelijke scheidslijnen schuil

Nederland scoort altijd hoog in de lijstjes van sterke economieën, zorgsystemen en meest gelukkige inwoners. Dat ervaar je niet zo als je aan de verkeerde kant van de streep staat, maar gemiddeld genomen kan het kloppen. Geen mens is echter gemiddeld, en dat geldt ook voor een samenleving. Als meer mensen hun leven een onvoldoende geven maar ook meer mensen een dikke tien, dan kan het gemiddelde hetzelfde zijn als in de situatie van veel zessen en zevens. Door al die lijstjes is er een beeld van het beste jongetje van de klas ontstaan. Zó sterk dat velen bijvoorbeeld jarenlang dachten dat we vooropliepen met milieubeleid. Het tegenovergestelde is waar. In dat discours was het ook lange tijd lastig om het over maatschappelijke scheidslijnen te hebben of de dreiging van sterker wordende tegenstellingen of polarisatie, in een land met zo veel focus op inkomensnivellering en geen 'echte' armoede. Ook hier: niet waar.

Het SCP verricht hier langjarig onderzoek naar met de studie *Verschil in Nederland* (Vrooman et al., 2014; Hoff et al., 2021). Daarmee duidde het SCP regelmatig de scheidslijnen in de samenleving in de achterliggende jaren. Als we over 'verschillen' spreken – ook in dit boek – gaat het over de ongelijke verdeling van hulpbronnen zoals inkomen, netwerken en gezondheid over groepen in de samenleving en hoe dat kansen en perspectief op de toekomst stuurt. Verschillen zijn er altijd, maar worden een probleem als ze tot onrechtvaardige verschillen en structurele achterstelling leiden. Of tot minder vertrouwen in een gedeelde toekomst. Maatschappelijke verhoudingen veranderen niet van het ene op het andere moment. De verschillen tussen groepen, zoals al in de inleiding aangegeven, zijn structureel van aard en zorgen voor groeiende tegenstellingen, zeker naarmate ook de veranderende arbeidsmarkt of diversiteit van onze bevolking toeneemt. Hoe staat dit ervoor in Nederland?

Meer dan 20 procent van de mensen leeft structureel in een achterstandspositie met werk- en inkomensonzekerheid, armoede, schulden en een stapeling van problemen rond de gezondheid en in het sociale leven. De levensverwachting ligt lager dan bij anderen en er is meer wantrouwen ten opzichte van de politiek. Het aandeel mensen met minder scholing of meer praktijkgerichte deskundigheid is groot, net als met een niet-westerse migratieachtergrond. Het gaat bijvoorbeeld ook om alleenstaande moeders die verschillende kleine baantjes hebben, of mensen met arbeidsbeperkingen die niet van het inkomen dat ze ermee verdienen rond kunnen komen. We noemen dat inmiddels 'werkende armen' (SER, 2021; Vrooman, 2018).

Zo'n 35 procent van de bevolking heeft het in de loop der jaren juist beter gekregen met veel kansen op vast werk, een stijgend inkomen en een goede toekomst, ook voor de kinderen. Het aandeel mensen met meer scholing en de goede sociale netwerken is in deze groep groot. Zij zijn sneller in staat de overheidsbureaucratie te doorgronden of daarbuiten zorg of onderwijs te regelen en betalen. In de crisis konden ze zichzelf daardoor ook vaker redden, al ervaarden ook zij natuurlijk problemen zoals het risico op baanverlies of zorgen over de toekomst van de onderneming. In deze groep bestaat echter relatief veel optimisme over de toekomst en een hoog vertrouwen in de instituties. Er is perspectief.

Ertussenin zit zo'n 40 procent van de mensen bij wie vaak beide partners werken, de hypotheekschuld kan oplopen, kinderopvang of bijles en thuisonderwijs geregeld moeten worden en voor hulpbehoevende ouders wellicht mantelzorg. Die groep houdt veel ballen in de lucht, is niet per se ontevreden maar er hoeft maar één ding weg te vallen en het gaat mis. Bijvoorbeeld omdat ze niet om de hoek bij ouders wonen en lastig mantelzorg kunnen verlenen, terwijl het onzeker is of de thuiszorg er zal zijn. Er is vaker sprake van onzeker en tijdelijk werk en er zijn veel zorgen over de waarde van het pensioen naar de toekomst toe. Deze middengroepen ervaren dus vooral onzekerheid en beoordelen politiek en bestuur niet meteen positief, maar ook niet negatief. Het hangt ervan af. Het is een vaak wat stille groep die genuanceerd denkt, en een ander licht doet schijnen op het dominante beeld van polarisatie.

Het debat over ongelijkheid, bubbels en scheidslijnen is al een tijdje gaande, maar lijkt sinds de coronacrisis geïntensiveerd. Bijvoorbeeld door het zichtbaar worden en verdiepen van onderwijsachterstanden, gezondheidsverschillen, de werkonzekerheid, waar vooral zzp'ers mee te maken hebben, of de aandacht voor verschillen tussen hoge en lage inkomens en het voordeel dat die eerste groep van ons belastingsysteem heeft (Van Essen et al., 2022). De problemen komen echter niet door de coronacrisis. Ze waren er al en ze leiden tot kansenongelijkheid.

Verschillen worden, zoals gezegd, problematisch als er structurele achterstelling, onrechtvaardigheden of conflict en spanningen ontstaan. Dat groepen onderling steeds minder contact hebben en in gescheiden werelden (bubbels) leven, hoeft daarbij op zichzelf niet problematisch te zijn (Tiemeijer, 2017). Als mensen echter structureel minder kansen hebben, niet of minder gerepresenteerd worden, en geen toegang hebben tot bijvoorbeeld beleid en politiek of voorzieningen, worden de scheidslijnen problematischer (Vrooman et al., 2014, Beugelsdijk, 2021). Vooral de groep met minder scholing en inkomen voelt zich minder gerepresenteerd in de politiek en heeft ook minder toegang tot en invloed op beleid (Schakel, 2020).

Kritischer en opener houding nodig

De feiten over hoe het met ons gaat en wat dit met ons toekomstbeeld doet spreken niet altijd voor zichzelf. Nederland is een welvarend land, scoort hoog in internationale indexen over de economie en geluk, maar daarachter gaan aldus grote verschillen schuil. Zijn ze wellicht meer zichtbaar en invoelbaar geworden door de coronacrisis? Of hebben we geleerd ze te (willen) zien of anders te kijken? Sander Schimmelpenninck maakte bijvoorbeeld deze kloof knap inzichtelijk in columns en documentaires, net als Jeroen Pauw en Sander Heijne in het tv-programma *Scheefgroei in de polder*, maar nieuw zijn de meeste inzichten niet. Feiten alleen zijn dus niet voldoende. Verhalen en een goede dialoog erover maken het invoelbaarder. Ze kunnen confronteren, maar ook inspireren om tot passende antwoorden op de maatschappelijke opgaven te komen. Er is in elk geval een kritische houding naar onszelf nodig, in de wereld van beleid, bestuur en onderzoek, over hoe we de feiten presenteren en hoe we ermee omgaan. Houding dus. Je moet je blijven verdiepen in mensen, en problematische scheidslijnen serieus nemen. Er zijn vele voorbeelden waarbij de feiten daarover op tafel liggen, maar ze om politieke, praktische of andere redenen terzijde gelegd worden of pas veel later worden benut.

Bijvoorbeeld de vele wetsevaluaties in het sociaal domein, van de Participatiewet tot de Wet maatschappelijke ondersteuning, lieten al vrij snel na de inwerkingtreding zwaktes zien richting mensen die met de meest ingewikkelde hulpvragen zitten. Het doel was mensen meer mee te laten doen in de samenleving, maar bij mensen met bijvoorbeeld een combinatie van zorgvraag, schulden en armoede werd dat juist ingewikkelder door krappe budgetten en verkeerde aannames over wat deze mensen zelf zouden moeten kunnen regelen. Het werd belangrijker gevonden de decentralisaties verder uit te rollen, vaak met als argument dat er tijd nodig was om het nieuwe systeem te laten werken.

Een ander voorbeeld. Tijdens de coronapandemie zijn ondanks alle onderlinge betrokkenheid, zeker in het begin van de crisis, tegelijkertijd ook de spanningen in onze samenleving voelbaarder geworden. We zagen rellen op de Coolsingel in Rotterdam en in andere steden tegen het overheidsbeleid, protesten op tal van plekken en verhitte discussies op de sociale media en in een groot aantal talkshows op televisie. Discussie over al dan niet vaccineren, over complotten van overheden tegen de mensen of over de bedreigingen aan het adres van politici, virologen en journalisten. Ook nam de stigmatisering van groepen toe, zoals vaker tijdens crises waarbij men een schuldige voor de ellende zoekt. In het begin waren dat de Aziatische mensen (het was het 'Chinese virus'), later 'de' jongeren die terugkwamen van vakantie, zich te losbandig gedragen zouden hebben en besmettingen veroorzaakten (alsof alle jongeren buitensporig gedrag vertoonden), en weer later de virusweigeraars, die heel wisselende redenen kunnen hebben om zich niet te willen laten vaccineren (het zijn niet allemaal complotdenkers). Toch betekent dat niet dat de maatschappelijke verhoudingen voortdurend polariseren of uitmonden in wantrouwen, maar we zien het vooral vaker voorbijkomen en het domineert politieke debatten (Adviesbrief Raad voor de Volksgezondheid en Samenleving & SCP, 2022).

De urgentie van blikwisselingen: anders leren kijken naar de samenleving

De roep om duiding van hoe het echt met onze samenleving gaat en een 'inspirerend verhaal' over wat er nodig is de komende jaren is groot, maar dat kan tegen deze achtergrond ook een iets te gemakkelijke vraag zijn – bijvoorbeeld aan het SCP – om vervolgens passief te luisteren en zelf niets te hoeven doen. Verhalen moeten iets in beweging zetten en kunnen ons anders leren kijken. Dat kan niet zonder actieve houding van alle betrokkenen. De huidige minister van Onderwijs, Cultuur en Wetenschappen (en hoogleraar) Robbert Dijkgraaf schreef in 2014 een mooi boek, *Blikwisselingen*, vanuit zijn ervaringen met wetenschappelijke innovaties. Een blikwisseling is de basis van vernieuwing, omdat het je op een andere manier naar hetzelfde leert kijken waardoor je ook echt iets anders ziet. Zoals bij de bekende tekening van de oude en de jonge vrouw, waarbij je ofwel de jonge vrouw ofwel de oude vrouw ziet, maar nooit allebei tegelijk. Door het wisselen van blik ziet de wereld er ineens anders uit. Dat helpt om andere oplossingen en mogelijkheden te zien (Dijkgraaf, 2014).

Zou dat ook met het beeld van onze samenleving en de aanpak van maatschappelijke opgaven kunnen? Een verhaal voor ons land vraagt in elk geval om meer dan een stip op de horizon of een paar zinnen in een regeerakkoord over het aanpakken van problemen of een inleiding over het dichten van 'de kloof'. Het vergt een actieve houding van politici, ondernemers, burgers en professionals, en vraagt van ons om te kijken of we de problemen en onderliggende feiten delen, maar ook of we door soms anders te kijken weer nieuwe oplossingen kunnen zien. Dat is wat anders dan het uitrollen van maatregelen. Daarvoor is echte verbinding met de samenleving nodig, en een actieve wisselwerking tussen de overheid en burgers om samen naar oplossingen te zoeken. Laten we eerst terugblikken hoe de overheid dat in de achterliggende jaren heeft ingestoken.

3

EEN STURENDE OVERHEID ZONDER KOERS

Het is opvallend dat de overheid veel moeite heeft om vanuit mensen te redeneren, en vanuit de verschillen tussen mensen. Gecombineerd met een enorme behoefte om te sturen leidt dat tot een sturende overheid in de problemen (Putters, 2021). Niet per se door 'dichte mist' vanwege een gebrek aan inzichten, maar door het niet of maar beperkt toepassen van inzichten over wat de verschillen tussen mensen en hun dagelijkse situaties voor het beleid moeten betekenen.

De burger als klant

Wie het jarenlange werk van Herman Tjeenk Willink heeft gevolgd ziet een belangrijke verklaring. Hij beschrijft in talloze artikelen, lezingen en boeken dat de Nederlandse politiek sinds de jaren tachtig van de vorige eeuw bewust koos voor een hausse aan technocratisch efficiencydenken gericht op een efficiënte overheid die de burger als klant goed moet bedienen, die uitgaat van meer eigen verantwoordelijkheid, de kosten beheerst en misbruik afstraft. Met een vrij eenduidig klantbeeld en weinig aandacht voor verschillen tussen burgers of wat het hun uiteindelijk aan uitkomsten brengt in termen van bijvoorbeeld meer mee kunnen doen in de samenleving. Het efficiënt bedienen stond centraal (Tjeenk Willink, 2020; 2021). Het systeem werd zo ingericht dat ook meer creativiteit en inspiratie over oplossingen, en alternatieve kennis en inzichten, niet werden gestimuleerd of georganiseerd. Dat werd nagenoeg geheel uitbesteed, dus dan klop je voor inzichten en inspiratie bij anderen aan. Maar alleen als dat zo uitkomt.

Maatschappelijke vraagstukken worden al vrij lang met de principes van het *new public management* (NPM) te lijf gegaan, met een sterke nadruk op efficiency en de onderhandeling tussen vraag en aanbod op de markt, kostenbeheersing en een kleinere overheid (wat overigens nooit lukte). Via zelfredzaamheid, zorg dichtbij en decentralisatie werd ook de burger ingezet om die doelstellingen te realiseren. Dat is iets anders dan het oplossen van hun problemen. Bijvoorbeeld de sterke inzet op het eigen sociale netwerk voor zorg en ondersteuning, wat de zelfredzaamheid van mensen zou moeten versterken. Echter, zieke mensen met een heel klein netwerk kunnen dat niet, ook niet als je het ze keer op keer in een keukentafelgesprek blijft vragen. Hun stress en problemen worden er vooral groter door.

Alhoewel dit NPM dateert uit de vorige eeuw, is de denktrant nog steeds waarneembaar. Beleid redeneert in beperkte mate vanuit de dagelijkse werkelijkheid van mensen en wat zij nodig hebben, en meer vanuit een beperkt budget of maatregelen die de eigen verantwoordelijkheid moeten versterken. In het regeerakkoord van het kabinet-Rutte IV is de aanpak van de schrijnende problemen in de jeugdzorg een voorbeeld. Geen realisme over vraag en kostprijs, maar een budget waarmee het efficiënt gedaan moet worden, en met de verkeerde aanname dat preventie meteen tot kostenbeheersing zal leiden. Dit blijkt vaak niet toereikend om de zorg, het onderwijs of de veiligheid in de wijk op orde te houden. En het houdt geen rekening met wat er in de toekomst nodig zal zijn. De markt stuurt daarop niet bij. De Paarse kabinetten waren vaandeldrager en onder latere kabinetten bleef steeds weer onterecht de aanname bestaan dat de markt voor voldoende zorg en zekerheid zou zorgen en de uitgaven beter in de hand zou kunnen houden.

Nu is de beheersing van uit de hand lopende kosten van publieke voorzieningen een legitiem doel voor de overheid om op te sturen. Naast de focus op efficiency en meer marktwerking in publieke sectoren, leidde dat tot de scheiding tussen beleid en uitvoering. Met een bijna grenzeloos vertrouwen dat de BV Nederland efficiënter zou gaan functioneren en burgers minder afhankelijk van de overheid zouden worden. De samenleving moest zich gedragen zoals de overheid dat wenselijk achtte. Het gevolg was dat diezelfde samenleving zich steeds minder in de politieke besluitvorming herkende en de verschillen tussen mensen beperkt doordrongen bij beleidsmakers.

De burger als verlengstuk van beleid

Sinds eind jaren negentig volgden veel bestuurskundige analyses over hoe de overheid beter en dichter bij burgers in een netwerksamenleving zou kunnen functioneren, met tal van voorstellen over interactieve besluitvorming tot vormen van partnerschap en coproductie met burgers. Daarmee werden tal van manieren ontwikkeld om burgers en organisaties bij de beleidsvorming te betrekken (Voorberg, 2017). Dat leidde wel tot meer samenwerking, maar vaak zonder duidelijke kaders wat overheden ermee zouden doen en daardoor ook regelmatig tot teleurstelling. Het doel om de besluitvorming door die vormen van betrokkenheid effectiever en efficiënter te laten verlopen, zeker in de uitvoering, bleef domineren. Dat leidt maar in beperkte mate tot de erkenning dat mensen zich in de besluitvorming niet altijd herkennen en er verschillende ideeën over kunnen hebben. Zoals eerder genoemd hebben mensen met minder scholing regelmatig minder vertrouwen in de overheid, en klinken hun opvattingen ook minder erin door (Schakel, 2020).

Dat neemt niet weg dat er veel aandacht is gekomen voor inspraak, zeker ook op lokaal niveau, maar meestal bij de uitvoering van beleid. De initiatieven daartoe zijn te waarderen en kunnen de variëteit en de verschillen in de samenleving ook op tafel leggen. Toch blijft de overheid moeite houden met die verschillen om te gaan, zeker bij het ontwerpen van beleid, vaak omdat het op willekeur kan lijken, of is. Steeds opnieuw leidt dit tot uniformerende toezichts- en controlemechanismen. Daardoor worden niet alle groepen in de samenleving met hun vaak specifieke behoeften bereikt en geholpen. De actuele notie van maatwerk zal daaronder komen te lijden. Maatwerk is niet in een wet te verankeren, omdat het per definitie uitgaat van verschil en van ruimte in de praktijk om het goede te doen. Bovendien is het een middel om een doel – bijvoorbeeld betere zorg – te bereiken. Als het doel niet helder is, gaat maatwerk ook niet lukken.

De verzorgingsstaat ontwikkelde zich enerzijds van meer beschermend naar meer activerend, maar anderzijds wel met een heel beperkte blik op die burger. Pas als mensen er zelf niet uitkomen, en ook hun sociale omgeving geen hulp kan bieden, kan er een beroep op de overheid worden gedaan. Bij voorzieningen in de sociale zekerheid – zoals bijstand of werkloosheidsuitkering – en in de zorg of het onderwijs werd zo ingezet op de eigen verantwoordelijkheid van burgers en de tijdelijkheid van steun. De sollicitatieplicht en verplichting werk te accepteren (werken naar vermogen), tegenprestaties in de bijstand, het leenstelsel in het hoger onderwijs en eigen betalingen in de zorg werden vanuit dat perspectief ingevoerd (Vrooman et al., 2012; Putters, 2017). Het uitgangspunt was: meedoen zoals de overheid dat wenselijk acht en met als doel kostenbeheersing.

De overheid formuleerde ook de condities steeds scherper over welk gedrag ze daarbij verwacht van de burger, bijvoorbeeld in termen van scholing of zorgzaamheid. Enerzijds met als doel iedereen te verheffen en mee te laten doen in de samenleving, maar ook om fraude en misbruik te voorkomen, en om kosten te besparen. Dat leidde tot enorme standaardisering, waarop weer gecontroleerd en toegezien moest worden. Het middel werd het doel. Verschillende parlementaire enquêtes (o.a. de commissie-Bosman, Tijdelijke Commissie Uitvoeringsorganisaties, 2021) laten zien dat – mede door de scheiding van beleid en uitvoering – de politiek zo nog maar weinig zicht overhield op wat dit in de verzelfstandigde uitvoering met mensen doet.

De 'participatiesamenleving' bracht in potentie verandering...

Met de introductie van de term 'participatiesamenleving' leek destijds een andere benadering aan de orde, meer vanuit de samenleving. Een ideaal van meedoen vanuit een perspectief op samen leven, waarin overheid, burgers, bedrijven en instellingen met elkaar focus houden op zorgzaamheid, empathie, rechtvaardigheid en een eerlijke en doelmatige besteding van middelen. Met ruimte voor de verschillende situaties waarin burgers zich bevinden. Dat viel in de praktijk flink tegen. In combinatie met forse bezuinigingen – en opnieuw het op orde krijgen van de rijksbegroting en het tegengaan van fraude en verspilling door burgers en professionals in publieke sectoren – leidde het tot meer van hetzelfde.

In mijn eerste jaren bij het SCP – ik begon in 2013, het jaar van de troonrede over de participatiesamenleving – was dit denken stevig onderdeel van het beleidsdiscours. Bijvoorbeeld over de decentralisatie van onder meer de jeugdzorg, de langdurige zorg en de ondersteuning voor mensen met arbeidsbeperkingen naar gemeenten (Putters, 2014). Het ideaal van zelfredzaamheid van burgers stond bovenaan, en zelfs mensen die aantoonbaar hulp van anderen nodig hebben, kregen en krijgen bij herhaling de vraag wat ze verder zelf nog kunnen doen of 'voor de samenleving terug kunnen doen'. De focus lag op de aanpak van fraudeurs in de sociale zekerheid, misbruik van gelden in de jeugdzorg en er ontstond de wantrouwige houding richting migranten die voorzieningen gebruikten of misbruikten. De problemen die daarna lokaal zijn ontstaan hebben flinke sporen nagelaten. Te krappe budgetten, te weinig samenwerking tussen hulpverlenende instanties en gemeenten, en vooral de hulp aan de mensen in de meest lastige en moeilijke situaties, die je als eerst goede hulp zou willen geven, schiet tekort. De participatiesamenleving heeft geen balans gebracht tussen het beschermen en ondersteunen van mensen en ervoor te zorgen dat het financieel houdbaar is.

Met het beroep op de individuele burger en diens individuele situatie kwam de erkenning van verschil, maar dat vraagt tegelijkertijd om het herkennen van onrechtvaardige verschillen en polariserende krachten tussen groepen in de samenleving die ook tot conflict kunnen leiden, en daarop zo nodig bij te sturen. Ook dat is een taak van de overheid, waar samenwerking en dialoog met de samenleving voor nodig zijn. De overheid faalt te vaak om mensen in hun situatie te zien en behandelen, vanuit een gestandaardiseerd beeld van hun gedrag. Het versterkte de wantrouwende houding van de overheid richting burgers, en de samenleving.

In feite werd een politiek idee over wat de participatiesamenleving zou moeten zijn afgekondigd vanuit Den Haag. Letterlijk, vanaf de troon. Dat was niet gestoeld op een proces tussen overheid, burgers, instellingen en bedrijven die met elkaar wederzijdse verwachtingen expliciteren en ruimte voor maatschappelijk initiatief zoeken. Het was een eenzijdige afspraak, waar niet het antwoord op kwam dat politiek wenselijk gevonden werd. Een nieuw sociaal contract was het niet.

De coronacrisis als gamechanger?

De economie en de samenleving werden begin 2020 stilgelegd door een pandemie. Het coronavirus. Daar valt veel over te zeggen, maar drie observaties zijn in het licht van deze tour d'horizon over hoe de overheid stuurt relevant.

De eerste is de opmars van de bescherming van de volksgezondheid (en dan het onderdeel epidemiologie en virologie), die het denken in kostenbeheersing en efficiency in haar schaduw plaatste. Mensenlevens moesten gered worden, bedden op de ic vrijgehouden en zorgpersoneel mocht niet door de hoeven zakken. Twee jaar lang werd door ambtenaren en politici oprecht geprobeerd rampen als in Bergamo en Londen, waarbij geen ziekenhuisbedden meer beschikbaar waren voor doodzieke patiënten, te voorkomen. Die inzet ging zo ver dat er weinig ruimte bestond voor welke toekomstvisie dan ook. Wat telde was virusbeheersing.

Dat het twee jaar duurde voordat het kabinet echt werk maakte van (middel)langetermijnscenario's om bij nieuwe virusuitbraken alle waarden in de samenleving recht te doen, is tekenend. Het leidde tot ernstige gevolgen voor welbevinden, vrijheid en institutioneel vertrouwen op de langere termijn. En het zal nog veel langer doorwerken. Een jonge generatie heeft bijvoorbeeld ervaren hoe zij een prijs betaalt voor minder goed onderwijs en minder persoonlijke ontwikkeling. En hoe een overheid burgerrechten parkeerde, van een avondklok tot bezoekbeperking. En hun vertrouwen in de politiek staat de komende jaren op het spel, zeker als de scheefgroei tussen generaties verder toeneemt.

Een tweede observatie is dat de discussie over een perspectief voor de lange termijn wel vanaf het begin is gevoerd met ambtenaren en in het kabinet, maar dat het moeilijk van de grond kwam en er een apart Directoraat-Generaal Samenleving en COVID-19 voor opgericht moest worden. De kennis kwam lastig op tafel. Er volgde in feite een vrij instrumentele en organisatorische ingreep voor een vraagstuk dat over alle domeinen speelt. De planbureaus, maar ook adviescolleges en kennisinstituten verenigd in de SER-coronadenktank, en commissies onder leiding van burgemeesters zoals Femke Halsema en Paul Depla, maakten steeds weer scherpe analyses van wat er nodig was, maar ze werden maar moeizaam onderdeel van de besluitvorming. Het SCP adviseerde met grote regelmaat, soms met de andere planbureaus gezamenlijk, maar ook met de Raad voor de Volksgezondheid en Samenleving. Er kwamen veelal geen of pas vrij laat reacties, en de Tweede Kamer besprak ze nauwelijks. Een belangrijke reden was de focus om slachtoffers te voorkomen en de zorgsector te helpen, maar ook dat er twee jaar lang een structuur in werking was die dat als hoogste doel stelde en de rest parkeerde bij een apart Directoraat-Generaal.

De derde observatie is daarmee dat ook als de kennis wel op tafel ligt, er niet altijd impact is. Daar is een opener houding van politici in crisistijd voor nodig en een andere dialoog met de bredere wetenschap en maatschappelijke stakeholders over wat zich afspeelt in de samenleving.

Het decennialang leidende principe van kostenbeheersing en doelmatigheid werd zo naar de achtergrond geduwd, maar er kwam een net zo eendimensionale benadering gericht op virusbestrijding voor in de plaats. Door druk uit de samenleving kwamen er uiteindelijk wel middelen vrij om voor jongeren iets te betekenen in mentale gezondheid of op school. Het antwoord was vooral geld. Zelden gingen zo veel miljarden zo snel over tafel. Bijvoorbeeld de steunpakketten aan bedrijven om de crisis door te komen, maar ook de 8,5 miljard voor het onderwijs, die in korte tijd geregeld werd. Geld bleek er genoeg, wat zonder duidelijke doelen net zo visieloos is als het uitgangspunt te hanteren dat er niet genoeg geld is. De Algemene Rekenkamer (2021) uitte zich er al kritisch over.

Langeretermijnscenario's met duidelijke doelen voor de samenleving kwamen moeizaam van de grond. Het draaide vooral om de aard van de omgangsbeperkingen die we elkaar moeten opleggen bij een virusuitbraak, en minder over wat mensen nodig hebben om zo'n crisis door te komen, naast overleven als je ziek bent. Hoe bijvoorbeeld omgaan met de vrijheid van mensen om hun leven zelf te bepalen, en hun vrienden of familie te zien? Het recht van jongeren op goed onderwijs, ook tijdens een pandemie? Verdient dat niet ook een zichtbare plek in die langetermijnvisie? De vraag stellen is hem beantwoorden.

Verandering lijkt aanstaande!

Maar verandering lijkt aanstaande. Er komt een nieuwe visie op publieke gezondheid, ook in relatie tot andere publieke voorzieningen (WRR/KNAW, 2021; VWS, 2022). De mentale gezondheid staat door de coronacrisis ook meer op de agenda. Dat is hard nodig, want er waren al wachtlijsten en de verwachting is dat de behoefte aan geestelijke gezondheidszorg zal toenemen. Dat zijn de langetermijneffecten van een diepe crisis. De kinderopvangtoeslagaffaire lijkt er daarnaast voor te zorgen dat het herkennen en herijken van mensbeelden in beleid op tafel ligt. Duidelijk werd immers dat de overheid met wel heel veel wantrouwen naar burgers kijkt, en op persoonskenmerken zoals migratieachtergrond misbruik van voorzieningen probeerde bij te sturen. Met als gevolg dat veel goedwillende burgers onrechtvaardig zijn behandeld, zelfs gediscrimineerd (POK, 2021). De vele analyses van de Nationale Ombudsman, de Algemene Rekenkamer, de Raad van State, planbureaus en anderen over de urgentie van een realiteitscheck op beleid en wat het voor mensen betekent, worden hopelijk serieus ter hand genomen.

Inhoudelijk laat het regeerakkoord van het kabinet-Rutte IV een aanzet zien om anders naar maatschappelijke vraagstukken te gaan kijken en over domeinen te redeneren. Namelijk vanuit brede welvaart: dus het gelijktijdig wegen en sturen op zowel economische doelen als op sociaal en cultureel gebied, de leefomgeving en onze democratie. Onze welvaart en ons welbevinden gaan immers over meer dan economische groei. In de reflectie die het SCP op het regeerakkoord maakte wordt de conclusie getrokken dat de betekenis van alle beleidsvoornemens rond klimaat, energie en wonen echter nog wel doordacht moet worden op bijvoorbeeld de strijd tegen kansenongelijkheid, een gebrek aan sociale samenhang in wijken, segregatie op scholen en minder vertrouwen in sociale en politieke instituties. Positieve sociale effecten krijg je er niet gratis bij. Daar moet je wat voor doen. Klimaatbeleid kan de sociale ongelijkheid zelfs vergroten als je geen rekening houdt met de motivaties en mogelijkheden van mensen om warmtepompen aan te schaffen of in hun huis te investeren. Het betekent dat je burgers niet alleen bij de uitvoering van plannen moet betrekken maar hen er al eerder in mee moet nemen, dus bij het ontwerpen van en besluiten over beleid met betrouwbare en begrijpelijke informatie (SCP, Reflectie op het regeerakkoord, 2022).

Een manier om dat te doen is het 'opgavengericht' handelen. Niet dat het een totaal nieuw idee is, maar de bereidheid het toe te passen lijkt groter dan voorheen. Er is momentum. Het uitgangspunt daarbij is dat de maatschappelijke opgave centraal staat, en niet de taak of het budget van een van de overheden of instellingen, of de zelfredzaamheid van burgers. Zodra in kaart is gebracht wat er nodig is om bijvoorbeeld de duurzaamheidsopgave of kansenongelijkheid aan te pakken, of wat een meer diverse bevolking betekent voor onze publieke voorzieningen en arbeidsmarkt, zou vervolgens bekeken moeten worden wie wanneer met welke middelen aan de slag gaat. Middel volgt doel in plaats van andersom. Dat is een interessante wending, omdat het in potentie afrekent met de oude manier van kijken. Het vraagt nieuwe manieren van organiseren en vakmanschap bij de overheid, en daar is tijd voor nodig om het te ontwikkelen.

Een topambtelijke studiegroep waarin ook het SCP deelnam werkte het opgavengericht werken verder uit – ik kom daar later inhoudelijk op terug – maar bestaande werkwijzen veranderen in de praktijk niet zo eenvoudig (Studiegroep Interbestuurlijke en Financiële Verhoudingen, 2020; SCP, 2022). Er zijn hardnekkige patronen, zoals het meer denken in maatregelen in beleidskokers dan vanuit de dagelijkse realiteit van mensen. De neiging bestaat om geld als antwoord op problemen te beschouwen, mensen als klant of potentieel misbruiker te zien, en niet tijdig te leren en bij te sturen als er kritische geluiden vanuit onderzoek en advies naar voren komen. De waan van de dag leidt in de politiek tot heel veel haast en beperkt leren (Putters, 2021). Maar deze routes lopen dood, het zijn oude patronen die geen antwoorden meer geven op bestaande problemen.

De wat sombere conclusie is dat – ondanks verwoede pogingen om dat te veranderen – er nog steeds een heel dominante eendimensionale beleidstheorie rondwaart die de overheid te veel verhindert om vanuit verschillen tussen mensen te redeneren, over beleidskokers heen te kijken en de verantwoordelijkheden te delen met de samenleving. In feite worden antwoorden nog steeds gezocht in meer markt of meer overheid, en meer individuele keuzes en zelfredzaamheid van burgers, waarbij van de burger verwacht wordt bepaald gedrag te vertonen (eigenlijk: te doen wat de overheid wenst). De rol van de samenleving zelf en wat burgers in hun eigen situatie willen en kunnen, blijft sterk onderbelicht.

De hoopvolle uitweg is dat er aanzetten zichtbaar zijn om het anders te (moeten) gaan doen. Het doet ook een beroep op de zelfreflectie van de politiek, die er niet alleen is om 'problemen' aan te pakken met wensbeelden over burgers, maar die de samenleving in al haar variëteit ook houvast en perspectief moet bieden. Waarden moet beschermen. De politiek zou meer moeten gaan over mensen en minder over maatregelen.

4

DE SAMENLEVING DRAAIT DOOR

Waar de overheid steeds vrij instrumenteel en uniform de problemen in de samenleving naar maatregelen probeert te vertalen, vertoont die samenleving zelf veel meer variatie en zoekgedrag. Niet dat mensen de aandacht voor kostenbeheersing of fraude en misbruik onbelangrijk vinden, integendeel, maar er is meer. Mensen zoeken manieren om elkaar te helpen en samen te leven. De samenleving kent probleemoplossend vermogen en de overheid is niet overal bij nodig. Tegelijkertijd pakt dat niet voor iedereen vanzelf goed uit. Hoe staat dat ervoor en hoe doet de samenleving dat?

Gaat het met mij goed, maar met ons zo slecht?

De Nederlandse samenleving en het gemoed van de Nederlanders werden – ook vanuit het SCP – regelmatig getypeerd met 'met mij gaat het goed, maar met ons gaat het slecht'. Gaat dat anno 2022 nog steeds op? Meer dan 20 procent van de mensen heeft te maken met een stapeling van problemen en ervaart het leven beduidend minder goed dan het deel van onze samenleving waar het goed of steeds beter mee gaat. Een forse middengroep ervaart bovendien veel onzekerheid. Niet dat het (voortdurend) slecht gaat, maar deze groep mensen ervaart minder zekerheid over werk of toegang tot onderwijs of ondersteuning.

De verschillen in of en hoe mensen zichzelf redden zijn structureel en de tevredenheid met het leven loopt vaker uiteen. De onzekerheden zijn toegenomen.

Op het niveau van 'ons' vertaalt dit zich in verschillen in vertrouwen in de instituties, waarbij opleidingsverschillen het meest bepalend zijn. Toch is dat vertrouwen door de tijd heen stabiel of herstelt zich. Het politiek vertrouwen is weliswaar snel gedaald in twee jaar tijd, na een aanvankelijke stijging van dat vertrouwen bij het begin van de coronacrisis, maar het sociaal vertrouwen ligt stabiel hoog. Bij het begin van de coronacrisis steeg het aandeel mensen dat respect en zorgzaamheid ervaarde en dat aangaf de medemens te kunnen vertrouwen. Er zijn echter ook tegenstellingen tussen groepen in de samenleving die voor spanningen zorgen, maar niet alles is meteen polarisatie of levert een streven naar eigen gewin of potentieel misbruik van voorzieningen op.

Kortom, het gaat niet met ieder van ons goed, maar de samenleving is best veerkrachtig. Door voortdurend tegenovergestelde meningen polariseren het politieke en publieke debat veel sneller dan dat de samenleving dat doet. Wel maken mensen zich zorgen om de verschillen tussen groepen en de steun aan mensen in kwetsbare posities. Over mensen die er alleen voor staan. En over hoe we richting de toekomst met elkaar om moeten gaan in een steeds diversere bevolking. Ze zoeken naar verbinding en thuisgevoel, en willen erbij horen. Daar is niet alleen de overheid bij aan zet, maar ook de samenleving zelf.

Hoe krijgt dat in de praktijk vorm, hoe pakken mensen hun leven zelf op en leert ons dat anders kijken hoe het er met de samenleving voor staat? Levert het bruikbare blikwisselingen op voor een verhaal voor en over de toekomst van Nederland?

Mensen zoeken talloze (sociale) verbindingen

Onderdeel van de Nederlandse historie, en ook van de Nederlandse identiteit, is de sterke behoefte van mensen aan autonomie en zelfbeschikking enerzijds, en aan verbinding en gemeenschapszin anderzijds. Niet alleen autonomie als individu, maar ook als groep gelijkgestemden. Bijvoorbeeld ten tijde van de verzuiling op grond van religie of levensbeschouwing en vandaag de dag rond concrete voorzieningen op het terrein van wonen, energie of zorg. Burgerschap en burgerinitiatieven worden tegenwoordig gestimuleerd, ook in het nieuwe regeerakkoord, maar zijn al eeuwenoud. Gemeenschappen en buurten regelden al in de tijd van de Republiek collectief zaken (Van Houwelingen et al., 2014). De waterschappen zijn ook niet van gisteren. We zijn na de Tweede Wereldoorlog, mede door de uitbouw van de verzorgingsstaat, veel gaan verwachten van de overheid, die dan ook meer verantwoordelijkheid draagt dan vroeger voor het borgen van mensenrechten en tal van (ook sociale) grondrechten. Maar machtsdeling hoort bij Nederland, net als vrijheid en autonomie.

Een overgrote meerderheid van de Nederlanders beschouwt individuele vrijheid als de kern van wat Nederlander zijn betekent (Beugelsdijk et al., 2019). Waar we de autonomie lange tijd ook groepsgewijs interpreteerden is dat nu door voortgaande secularisering en individualisering veel minder het geval. Er lijkt minder een gedeelde basis vanwaaruit mensen tot opvattingen komen, mede beïnvloed door de personalisering van mediagebruik en voortgaande digitalisering van de samenleving. Er zit nauwelijks nog een filter tussen feiten en meningen, en er is minder een gemeenschappelijk normenkader dat a priori gedeeld wordt en sturend kan werken. Religie of politieke partijen en de instituties van het polderoverleg hadden die functie voorheen sterker. Er is nu veel meer individuele vrijheid, wat machtsdeling tussen groepen in een samenleving en collectieve oordeelsvorming lastiger maakt. Het kan tegenstellingen verscherpen. Maar als je daarachter kijkt, dan zie je ook veel verbinding. Enkele voorbeelden.

Vrijwillige inzet en gemeenschapszin

Bij activiteiten van het Oranje Fonds, dat in 2022 twintig jaar bestaat, komen we vooral mensen tegen die voor anderen iets willen betekenen, proberen te verbinden en met respect voor de ander hulp of ondersteuning regelen (www.oranjefonds.nl). Maatjesprojecten, waarbij jongeren oudere mensen helpen met klusjes, boodschappen of een regelmatig praatje, overbruggen verschillen. Hetzelfde geldt voor hulp aan nieuwkomers in Nederland die hun weg moeten zien te vinden in een vreemd land. Of jongeren die elkaar helpen bij school of het vinden van werk, zoals de Gamechangers Academy, die in hun strijd tegen kansenongelijkheid Marokkaans-Nederlandse jongeren helpt hun curriculum vitae op te bouwen, aan netwerken te bouwen en beter beslagen ten ijs te komen op de arbeidsmarkt. Ze werken met elkaar aan ondernemerschap, eigenaarschap en leiderschap om positief verschil te maken op hun omgeving. Ze helpen elkaar om ieders talent en potentieel te benutten en het beste uit zichzelf te halen. Het leidt ook tot meer eigenwaarde en zingeving.

Vrijwilligers stoppen op die manier tijd in samen optrekken, vaak om ervoor te zorgen dat anderen ook mee kunnen doen in de samenleving. Toen Koning Willem-

Alexander en Koningin Máxima het Oranje Fonds als huwelijkscadeau kozen was precies dat de bedoeling: verbindingen leggen en mee kunnen doen. Vrijwilligerswerk bewijst zijn verbindende rol en draagt bij aan de sociale infrastructuur van ons land.

Als achtjarig jongetje rolde ik er zelf in via de scouting. Scouting is de grootste jeugdvereniging van Nederland en leert jonge mensen hoe ze een plezierige vrije tijd kunnen combineren met jezelf verder ontwikkelen, ontdekken waar je goed in bent, zorgen voor de natuur en leefomgeving, en betrokken te zijn bij elkaar. Het scoutingprogramma is zo opgezet dat naarmate je in de oudere leeftijdscategorieën terechtkomt, je er meer verantwoordelijkheid bij krijgt, bijvoorbeeld voor het organiseren van activiteiten en zorg dragen voor elkaar en de omgeving. Net als bij de vele sportverenigingen en bij cultuurbeoefening zijn duizenden vrijwilligers actief om met elkaar iets goeds te doen voor de samenleving en ondertussen ook voor jezelf en je sociale netwerk. De vrijwilligers dragen de passie en het enthousiasme daarvoor weer over aan nieuwe, jonge leden, die zo meegenomen worden in het vrijwilligerswerk en de betrokkenheid bij de samenleving. Er zijn heel wat jongeren met gedragsproblemen of achterstanden die via deze activiteiten een betere plek in onze samenleving vinden. En vrijwilligerswerk staat positief op het cv en is ook van belang voor je persoonlijke ontwikkeling.

Nederland kent veel vrijwilligers, ook internationaal bezien, al heeft iedereen het wel steeds drukker gekregen. Mensen committeren zich nog wel, maar minder gemakkelijk aan tijdsintensieve langjarige vrijwilligersklussen, zoals in verenigingsbesturen. Daar staat tegenover dat op het terrein van sport en jeugdwerk veel mensen wekelijks actief zijn, en dat ze ook afgebakende taken of klussen graag oppakken. Het leidt tot een sociaal netwerk en bijvoorbeeld sport is ook nog gezond. Vrijwilligerswerk is niet verplicht, maar ook niet vrijblijvend. Je gaat wel degelijk verbinding aan en mensen verwachten er iets van. Dat geldt ook voor de vele mantelzorgers en vrijwilligers in de zorg. Bijna 5 miljoen Nederlanders verlenen actief mantelzorg aan hun naasten, en daar kun je nog 1,5 miljoen mensen bij optellen die zich (nog) meer vrijwillig inzetten voor anderen in de zorg (De Boer et al., 2020). Bij mantelzorgers gaat het veelal om familieleden en nabije vrienden die 'erin rollen' omdat er nu eenmaal zorg nodig is en je dat voor je naasten doet. Bij de vrijwillige inzet in de zorg gaat het om een bewuste keuze tot het doen van ondersteunende activiteiten, vaak op vaste en afgesproken momenten. Van de vrijwilligers in de zorg helpt ongeveer een derde incidenteel. Het aantal mensen dat daartoe bereid is groeit ten opzichte van bijvoorbeeld het aantal vrijwilligers in bestuurswerk.

Veerkracht tijdens en na de coronacrisis

In de coronacrisis bleek het best lastig om al dat vrijwilligerswerk voort te zetten, al gebeurde er gelukkig veel digitaal. Nu, na de crisis, komt het erop aan om het weer op te pakken. Natuurlijk heeft het sluiten van sportaccommodaties en locaties in het jeugdwerk of de zorg sommige verbindingen al dan niet tijdelijk verbroken. Ook voor mantelzorgers en vrijwilligers in de zorg was het lastig in de crisis. Bijvoorbeeld voor ondersteuning bij ouderen thuis, om gezinnen te ontlasten waarin veel problemen samenkomen of om mensen te steunen voor wie af en toe een klusje gedaan moet worden of waar een maatje nodig is.

Toch lukte het velen om een handje te helpen waar dat nodig was (RVS, 2020; SCP, 2020).

Het is belangrijk om al deze maatschappelijke inzet op een moderne manier levend te houden, ook omdat we weten dat het aantal beschikbare mantelzorgers de komende decennia terug zal lopen. Terwijl ze juist zo hard nodig zullen zijn. Goede samenwerking tussen verenigingen, burgerinitiatieven, gemeenten en bedrijven is dan van belang. Er is veel bereidheid tot eigenaarschap in de samenleving, bijvoorbeeld om ook tijdens een pandemie de mantelzorg gaande te houden en daar lokaal afspraken over te maken (RVS, 2020; Kuijper en Putters, 2020). Dat is een belangrijke basis voor een sociale samenleving (en voor een sociaal contract). Vanzelf gaat het echter niet, er is ondersteuning bij nodig, maar het is er wel. Een overheid kan daarbij aansluiten en goed samenwerken met vrijwilligers en verenigingen, maar de voorbeelden maken ook duidelijk dat de zogenaamde civil society niet uitvoerder van overheidsbeleid is. Er is veel variatie in motieven om voor elkaar te zorgen en vaak een kritische houding naar de overheid, die men er liever niet als bemoeial bij wil. Dat hoort bij een gezonde democratie (Dekker 1994). Burgers participeren niet altijd zoals de overheid dat wenst, maar het is wel waardevolle participatie.

Ondanks individualisering, ontkerkelijking, informalisering van relaties en intensief mediagebruik waarin alle relaties personaliseren waardoor je de groep minder nodig lijkt te hebben, blijft ook de Nederlander onderdeel van een gemeenschap. Soms online en in een bubbel, soms bij een vereniging of via de mantelzorg. Ze hebben veelal geen plek aan tafel bij de talkshows op televisie of in het verhitte politieke debat. Maar het is wel een groep van aanzienlijke omvang, en die staat niet continu recht tegenover elkaar.

Conclusie

De verbindingen tussen mensen komen dus meer en minder georganiseerd en geïnstitutionaliseerd tot stand, in meer of mindere mate gestuurd door bijvoorbeeld de overheid of verenigingen. Ze kunnen ook informeel en vanuit de samenleving ontstaan of vanuit maatschappelijke organisaties en goede doelen (De Moor, 2013). Vertrouwen is daarbij een belangrijk uitgangspunt en dat beïnvloedt sociale cohesie. In de coronacrisis hebben we dat allemaal ervaren. Er kon maar beperkt – fysiek en sociaal – verbinding gemaakt worden met anderen. Het werd zelfs door de overheid beperkt en deels verboden met instrumenten als een avondklok en de scholensluiting. In die situatie hebben velen ervaren hoe belangrijk sociaal vertrouwen en de gemeenschap zijn in relatie tot een overheid die top-down ingrijpt. Een civil society is dan ook kritisch naar een overheid en geeft participatie op een eigen manier vorm. Tijdens een pandemie zou dat ook meer tot gedeeld eigenaarschap kunnen leiden en tot minder top-down opgelegde regels, maar dat vergt goede dialoog met de overheid. Die ontbrak te vaak tijdens de coronacrisis.

Mensen zoeken een eerlijke kans op zinvolle participatie

Participatie is wezenlijk voor de ontplooiing en kansen van mensen op een goed leven, en daar is een samenleving voor nodig die dat stimuleert en faciliteert. Door mee te kunnen doen op je werk of op andere gebieden als sport en onderwijs leer je jezelf beter kennen, jezelf te ontplooien, vriendschappen aan te gaan en in relatie tot anderen te staan. Mensen te ontmoeten die een voorbeeld zijn, maar ook de teleurstellingen in mensen te verwerken, waar je dan weer van leert. Nog steeds vinden mensen die zinvolle besteding van tijd niet altijd (alleen) in hun werk, maar (ook) in andere activiteiten. De kansen om volwaardig mee te doen zijn ook niet voor iedereen gelijk. Er zijn mensen die niet gemakkelijk aan het werk kunnen komen, terwijl ze er wel de inzet en kwalificaties voor hebben. Zoals jongeren met een niet-westerse migratieachtergrond of mensen met arbeidsbeperkingen. Zij dragen uiteraard ook zelf verantwoordelijkheid voor hun kansen op werk en de resultaten van leren en studeren, maar niet iedereen heeft dezelfde mogelijkheden. De systemen van de overheid, maar ook houdingen van werkgevers of de aanwezigheid van steunende sociale netwerken spelen een grote rol voor hen.

Ondersteuning bij participatie

Als het gaat om mensen in kwetsbare posities, zoals mensen met arbeidsbeperkingen, de oudste ouderen of jongeren in de jeugdzorg, dan zien we dat de problemen om een eerlijke kans te hebben op zinvol mee te kunnen doen zijn toegenomen. Precies die groep die niet erg zelfredzaam is en op eigen kracht kan meedoen in de samenleving, raakt te vaak verstrikt in regels, heeft geen ondersteuning of wordt gewantrouwd. De Participatiewet werd bijvoorbeeld door het kabinet-Rutte II geïntroduceerd in het kader van de grote decentralisatie van taken en verantwoordelijkheid voor zorg, ondersteuning en zekerheid naar gemeenten en lokale partijen. Het doel was onder meer dat mensen met een arbeidsbeperking beter en vaker op hun plek zouden komen op de arbeidsmarkt, en op een passende manier begeleid zouden worden. Werkgevers moesten de begeleiding op de werkvloer, en zaken als detachering, zelf regelen. Gemeenten, onderwijsinstellingen en werkgevers moesten op een andere manier gaan samenwerken om mensen op de goede plek te krijgen. Dat pakte niet goed uit. Door krappe budgetten ging de ondersteuning vaker naar mensen met lichte en goedkopere hulpvragen dan de duurdere beschutte werkplekken voor mensen die veel hulp nodig hebben. Gemeenten en werkgevers wisten elkaar ook niet meteen goed te vinden, of wat mensen met een beperking echt nodig hebben.

De uitkomsten van de evaluatie van deze nieuwe wetspraktijk waren een dieptepunt (Van Echteld et al., 2019). Mensen kwamen niet meer, maar minder aan het werk. Diegenen die wel werk vonden, kregen tijdelijke contracten en minder inkomen. Voor deze doelgroep zijn begeleiding, bescherming en ondersteuning nodig. Niet alleen per bedrijf, maar zeker ook regionaal en in het hele land. We noemden dat ooit sociale werkplaatsen. Als je een arbeidsbeperking hebt is het inmiddels verdraaid lastig ergens werk te vinden, daar ondersteuning of begeleiding bij te krijgen en ook nog eens normaal betaald te worden in een contract dat langer dan één of twee jaar duurt. Het doel was beter, de uitkomst slechter.

Gelukkig worden de signalen gehoord, en lijkt de wil er te zijn om dit te verbeteren. En er valt te leren van regionale verschillen, bijvoorbeeld regio's waarin de infrastructuur rondom de sociale werkplaatsen toch in stand werd gehouden en waar werkgevers extra stappen zetten. Ook hierbij is de oplossing niet alleen van de overheid of van weer een ander systeem te verwachten. Bedrijven zetten zich in en kunnen dat vaak nog meer doen, en er zijn ook vele vrijwilligers en onderwijsinstellingen nodig om de sociale werkplaatsen nieuwe stijl vorm te geven of te komen tot andere zinvolle werk- en leerverbanden. In elk geval om mensen te ondersteunen, in netwerken te introduceren en een kans te bieden zich te bewijzen. Daar waar die begeleidende infrastructuur met hulp van de gemeente in stand gehouden is, bewijst zich opnieuw de kracht van de samenleving. Er is steun van overheden en bedrijven bij nodig om dat weer van de grond te krijgen. Dat vergt een lange adem. Het is nu 2022, en we zijn al sinds 2016 bezig. De verbeteringen blijven te veel achter, terwijl niemand mensen met arbeidsbeperkingen aan de kant wil laten staan. Dan gaat er iets goed mis.

Waardering van talent

Een ander voorbeeld van de zoektocht naar een eerlijke kans op zinvolle participatie is te vinden bij vakmensen en jongeren die voor vmbo- en mbo-opleidingen kiezen (Turkenburg, 2017). Het is gek dat het aanzien van het mbo in ons land zo achtergebleven is bij dat van hogescholen en universiteiten. En dat we hen 'laag' opgeleid blijven noemen, in plaats van bijvoorbeeld 'praktisch' opgeleid. De scheidslijn in kansen tussen mbo'ers en academici is schrikbarend diep. Al jaren, en de coronacrisis maakte dat weer zichtbaar. De eerste groep loopt een groter risico de baan, vaak tijdelijk of flex, te verliezen. Er is ook een lagere levensverwachting en een groter risico op gezondheidsproblemen, met als oorzaken vaak woon- en werkomstandigheden en leefstijl. Een huis kopen of huren is voor iedereen in Nederland zo ongeveer een probleem geworden, behalve voor de bovenlaag, maar des te meer voor mensen met minder scholing en meer werk- en inkomensonzekerheid. Verschillen horen erbij, in elke samenleving, maar dit is onrechtvaardig en zet maatschappelijke tegenstellingen op scherp. Het belemmert de eerlijke kans op zinvolle participatie en dat heeft gevolgen voor hoe we met elkaar samenleven en hoe we elkaar zien.

Gelukkig zijn er tal van initiatieven in ons land, niet alleen vanuit overheden, om hier iets aan te doen. Werkgevers die stages regelen voor jongeren met migratieachtergrond, of zich richten op goede werk- en leeromstandigheden voor mbo'ers. Of gemeenten en werkgevers die inburgeraars de Nederlandse taal bijbrengen op de werkvloer, waardoor het meedoen in de samenleving sneller en beter verloopt. Of een initiatief als VMBO On Stage, waar jonge vmbo'ers op bedrijvenbeurzen hun stageplekken regelen en zo een netwerk opbouwen en aan hun werkervaring werken. VMBO On Stage realiseert duurzame contacten waar jongeren ook later nog eens een beroep op kunnen doen. Het lukt veel leerlingen om deze relaties te onderhouden en is daarom niet vergelijkbaar met bliksemstages, een markt of speeddating. Veel jongeren blijven in contact via vakantiewerk, stageplaatsen en zelfs dienstverbanden tijdens of na de vervolgopleiding. Zelfvertrouwen, eigenwaarde en intrinsieke motivatie worden erdoor vergroot. Uit jarenlange ervaring met dit initiatief blijkt dat een fors deel van de jongeren later werk vindt bij bedrijven waar ze eerder stages liepen. Eigen initiatief uit de samenleving om vakmensen en mensen in opleiding te stimuleren, en om ze te waarderen. Dat helpt.

Conclusie

De samenleving toont veerkracht als het gaat om het bieden van kansen aan bijvoorbeeld jongeren om hun talenten te ontwikkelen en om aan netwerken te bouwen. Of als het gaat om bedrijven die mensen met arbeidsbeperkingen een plek geven en onderwijsinstellingen en vrijwilligers die daarbij ondersteunen. Maar die samenleving (en de overheid) moet ook een spiegel voorgehouden worden. Over hoe belangrijk goede samenwerking tussen de overheid en het maatschappelijk veld is om goede begeleiding voor mensen met arbeidsbeperkingen te regelen, of om vmbo'ers een kans op snuffelstages te bieden. We zagen in crisistijd bijvoorbeeld dat juist de groep jongeren die vaker in tijdelijke contracten zit (en vaak ook met minder scholing) de grootste risico's op baanverlies en mentale problemen loopt. De praktijkstages vielen als eerste weg. De reden dat het ondanks de geschetste voorbeelden nog heel vaak niet lukt is omdat die eerlijke kans op zinvol meedoen niet vanzelf ontstaat. Het vraagt iets van ons allen.

Wat dat betekent? Neem bijvoorbeeld het vraagstuk van de woningnood, dat ook alles met eerlijke kansen op meedoen te maken heeft. Er gaan duizenden woningen gebouwd en gerenoveerd worden. Als er bij al die plannen die de komende tijd uitgerold worden geen rekening wordt gehouden met de scheidslijnen in de samenleving, dan kunnen er grote gevolgen zijn voor hoe de kansen op meedoen in de samenleving zich ontwikkelen. Dat betekent: betaalbare woningen, in de buurt van je werk of school kunnen wonen, iets zinvols kunnen doen, je kinderen naar goed onderwijs op niet-gesegregeerde scholen en wijken die niet in achterstand geraken. Achter het stapelen van stenen gaat een verhaal schuil over de samenleving die we willen zijn en hoe we die vervolgens fysiek inrichten. Dat gaat dus ook over de kansen op meedoen en onderdeel van een gemeenschap zijn.

De inzet op brede participatie in de samenleving op basis van kansengelijkheid vraagt om een bredere blik op welvaart en welbevinden voor iedereen. De les vanuit de samenleving is dat de overheid hierbij moet leren kijken vanuit het leven van mensen.

Mensen inspireren en leren van elkaar

De Nederlandse taal kent het unieke woord 'samenleving', waarin de woorden 'samen' en 'leven' zijn verenigd. Dat is een versmelting tot een betekenisvol woord. Een samenleving heeft een verhaal en is geen optelsom van individuen. We voelen ons meer of minder verbonden met de samenleving om heel verschillende redenen. Samen deel je een geschiedenis en een toekomst. Het raakt aan wie we zijn, onze identiteit. Maar wat is ervoor nodig om dat 'samen' echt te ervaren en dat over te dragen aan de nieuwe generaties? Kennis over wat we delen biedt belangrijke houvast. Dat gebeurt op veel manieren, zoals via herdenken en vieren, onderwijs en kunst of cultuur.

Kunst- en cultuurbeoefening

Neem het voorbeeld van religie en kunst, zoals dit in Museum Catharijneconvent in Utrecht wordt gecombineerd. Het museum bewaart, verzamelt en toont religieus erfgoed. Het geeft inzicht in de plek van religie in het leven van mensen, de ontkerkelijking van onze samenleving in de recente geschiedenis en de vele symbolen en rituelen die we nog steeds van het christendom overgehouden hebben (www.museumcatharijneconvent.nl).

Alhoewel de meerderheid in Nederland inmiddels niet gelovig is (De Hart et al., 2022), is het geloof niet helemaal verdwenen in onze sterk geïndividualiseerde samenleving. Met regelmaat ontstaan er spanningen in de samenleving die te maken hebben met religie. De groep moslims in Nederland die een moskee bezoekt, staat vaak op afstand van de grote groep ontkerkelijkte mensen. In protestants-christelijke en katholieke kring is er een kleine groep jongeren die juist weer religieuzer wordt en strikter in de leer. Ook zijn er in Nederland nieuwe migrantenkerken bij gekomen. We moeten steeds meer moeite doen om over en weer begrip en respect voor elkaars levenswijzen te bewaren. Bijvoorbeeld als het gaat om de positie van vrouwen of lhbti'ers, of bij nieuwkomers die veel minder individuele vrijheid gewend zijn. Kennis en inzicht zoals via kunst, met de vele vrijwilligers en scholen die zich daarvoor inzetten en zich cultuurdragers kunnen noemen, helpen bij het gesprek daarover en het realiseren van wederzijds begrip.

Reflectie door bijvoorbeeld kunst helpt ons realiseren hoe we zelf in onze samenleving staan en wat we verwachten van de overheid of van anderen. Hoe zet je dat af tegen wat die anderen van jou mogen verwachten? Een verdeelde samenleving kan wat moeite met zelfreflectie hebben, maar ze heeft het ook hard nodig om niet te snel in aannames, beelden en tegenstellingen over de ander terecht te komen.

Herdenken en vieren

Je moet de geschiedenis kennen om de toekomst te kunnen omarmen. Veel Nederlanders hebben echter beperkt kennis over hun geschiedenis, zeker waar het de geschiedenis van de periode van voor de Tweede Wereldoorlog betreft. Op school leren we wel over allerlei feiten, maar vooral als we vinden dat jongeren 'er iets van zouden moeten leren'.

Er zit altijd een doel aan vast, los van er kennis over hebben en weten dat iets is gebeurd. We laten het maar weinig aan de zelfreflectie van mensen over om er dan eventueel nu of later iets mee te doen. Het met elkaar delen van de historische feiten is echter belangrijk, bijvoorbeeld om met onverwerkt verleden om te kunnen gaan, zoals het koloniale en slavernijverleden van Nederland (NIOD, 2022). Daarom blijft de betekenis van vieren en herdenken voor een samenleving groot. Dat maakt dat je even stilstaat bij historische feiten, maar ook bij de ander. Het gaat om momenten waarop we reflecteren op wat was en is, en zo de geschiedenis met ons meenemen.

Nederland heeft bijzonder weinig van dat soort vaste momenten die ons dwingen even stil te staan bij wat is of is geweest. Het Nationaal Comité 4 en 5 mei organiseert de Nationale Dodenherdenking op 4 mei bij het Nationaal Monument op de Dam in Amsterdam en de Nationale Viering van de Bevrijdingsdag op 5 mei (www.4en5mei.nl). Het comité is in 1987 opgericht en wordt gefinancierd door de overheid, maar door het hele land worden door lokale comités van vrijwilligers de herdenkingen en vieringen georganiseerd, zoals de Bevrijdingsfestivals. Voor veel Nederlanders zijn dat jaarlijkse momenten van verbondenheid en identiteit(svorming). Toen ik in 2018 bij het Monument op de Dam de jaarlijkse Damspeech mocht houden, over de kwetsbaarheid van het stellen van een vraag aan de ander, hoe het echt met die ander gaat, met de duizenden mensen van de Koning en Koningin tot mijn ouders en broer op het doodstille plein, voelde ik dat in elke vezel. Onderdeel zijn van de gemeenschap, nadenken over verleden en toekomst vanuit verbinding (Putters et al., 2018).

Toch geldt dat niet voor iedereen. Mensen met een migratieachtergrond – ook zij die geboren zijn in Nederland – voelen zich er vaak niet welkom. Hoe maken we herdenken inclusief? Want het moet juist verbinden. Initiatieven zoals de zogenaamde bevrijdingsmaaltijden op 5 mei helpen daarbij. Het gesprek over vrijheid kan daarbij ongedwongen over grenzen en door bevolkingsgroepen heen lopen. Bevrijdingsdag staat voor de meeste jongeren in het teken van festivals, maar staan we echt stil bij democratie, recht en vrijheid? En de waarde voor onze toekomstige samenleving? We zien antidemocratische elementen om ons heen, zelfs in ons parlement, met de inval van Rusland in Oekraïne is er oorlog in Europa, met zo vele onschuldige slachtoffers. Het drukt ons met de neus op de feiten dat vrijheid nooit vanzelfsprekend is. Ook niet bij ons. We moeten bewust stilstaan en de waarden van vrijheid, rechtvaardigheid en gelijkwaardigheid, en de beginselen van onze democratische rechtsorde, continu overbrengen aan nieuwe generaties.

Burgerschap en onderwijs

Het onderwijs speelt daar natuurlijk ook een onmisbare rol bij. Vakken als burgerschap, geschiedenis en culturele vorming zijn echter steeds meer naar de achtergrond geraakt. De cognitieve doelstellingen winnen het van de persoonsvorming en socialisatie van jonge mensen. Toch zijn dat ook doelstellingen binnen onze onderwijswetgeving. De focus op snel en meer presteren op cognitief vlak is echter dominant geworden, terwijl ook op dat vlak de internationale scores van Nederlandse scholieren (bijvoorbeeld op taal en rekenen) steeds meer achterblijven. De functie van reflectie en dialoog over maatschappelijke thema's is van belang, want het geeft je meer inzicht in de ander. Je leert ervan en leert respectvol met elkaar omgaan. Daar ligt een enorme kans op gemeenschapszin, maar het onderwijs komt er maar beperkt aan toe.

Natuurlijk zijn er talloze samenwerkingsverbanden en afspraken tussen scholen en culturele instellingen, musea en vrijwilligersorganisaties. Soms op het terrein van kunst en cultuur, soms rond geschiedenis en het delen van verhalen. Door de segregatie in ons onderwijs worden die verhalen niet automatisch gedeeld tussen jongeren van verschillende komaf, kinderen komen elkaar niet automatisch meer tegen op school of op het schoolplein. Zeker niet in de steden. Toch is die verbinding belangrijk voor een samenleving (Vogels et al., 2021).

Met het Nationaal Programma Onderwijs, de 8,5 miljard euro die het kabinet-Rutte III beschikbaar stelde in de coronacrisis om de effecten van de sluiting van onderwijsinstellingen tegen te gaan, wordt nu duidelijk dat scholen hiertegenaan lopen. De mentale druk onder jongeren is groot, dus er is veel behoefte aan steun op het gebied van de sociaal-emotionele ontwikkeling, naast het inhalen van vertragingen in het leren op het cognitieve vlak. Sociaal-emotionele ontwikkeling blijkt ook een belangrijke voorwaarde om beter te kunnen presteren. En de roep om meer verbinding te maken en elkaar met respect te bejegenen is groot. Tot in de klas.

Ook hier gaat het om een blikwisseling, anders willen en leren kijken naar bijvoorbeeld het vraagstuk van kansenongelijkheid. Niet elke achterstand is op te lossen met een bijles of meer kennisverwerving. Het gaat er ook om hoe jonge mensen in de wereld staan, welke vaardigheden ze leren en hoe ze naar de ander leren kijken. Daar is aandacht voor nodig van goede leerkrachten die daar echt tijd voor hebben. Goede verbindingen met jeugdzorg en tijdige ondersteuning als er mentaal of in de thuissituatie iets aan de hand is (Platform Perspectief Jeugd, 2022). Daar zit het structurele probleem, de onderwaardering van het beroep van leerkrachten, het personeelstekort, de beperkte ruimte voor vakken als burgerschap in het curriculum, en de beperkte tijd om echt aandacht te besteden aan de talenten en ontwikkeling van jonge mensen.

Conclusie

Een samenleving heeft thuisgevoel nodig en identificatie van de mensen die met elkaar die samenleving vormen. Musea en kunstenaars zijn van onschatbare waarde voor zelfreflectie, voor het begrip van het verleden en van wat we met elkaar delen. Net als het onderwijs en het collectief herdenken en vieren van belangrijke historische feiten dat zijn. Het zorgt bovendien voor creatieve oplossingen of denkrichtingen voor onze hedendaagse en toekomstige problemen. Voor begeestering. Niet alleen maar voor het plezier dus. Het biedt inspiratie en leert anders kijken. Kunst, maar ook herdenken en vieren, nodigt uit tot nieuwe gezichtspunten, zorgt voor trendbreuken, terwijl zij ook voortbouwt op het oude. Zij maakt ingewikkelde maatschappelijke veranderingen zichtbaar en de gevolgen bespreekbaar. We hebben dat nodig om de tijd waarin we leven echt te kunnen begrijpen. Daarom is ook het in het leven roepen van een jaarlijkse Nationale Dag van de Vrijheid op 5 mei zo belangrijk, een voor iedereen vrije dag.

We zouden ons veel meer rentmeester van onze cultuur kunnen tonen en moeten zorgen voor momenten van vertraging en reflectie in onze haastige prestatiemaatschappij. De overheid kan en moet daarbij steunen (ook in het onderwijs), maar de kracht van verandering zit ook in de samenleving zelf. Nelson Mandela en Desmund Tutu blijven in dat opzicht helden met hun inzet voor verzoening, rechtvaardigheid en vergeving. Ik had de eer om aartsbisschop Tutu te ontmoeten en uitvoerig te spreken samen met een aantal studenten. Elk woord, elke lach, de indringende blik staan in mijn geheugen gegrift, net als de vraag wat je zelf kunt doen om te vergeven en te verzoenen en te strijden tegen onrecht (soms juist van een overheid afkomstig). Het gaat dan om leren, zelfreflectie en empathie voor de ander. En daarmee verandering vormgeven. Niet wachten op een overheid, al vormen empathie en zelfreflectie een mooi advies voor die 'andere overheid'.

Alle verhalen laten zien hoe mensen verbinding zoeken, eerlijke kansen willen op meedoen en met elkaar proberen samen te leven. Dit schept toch een ander beeld van dezelfde samenleving als waar de eerder beschreven sturende overheid zich op richt. Die verhalen schetsen natuurlijk niet het hele beeld, want er zijn groepen voor wie dit niet of veel minder weggelegd is, zoals ik al schreef. Maar de samenleving toont ook veerkracht, en heeft daar soms wat steun bij nodig. Helpt ons dat bij het ontwikkelen van een vergezicht voor Nederland?

5

VAN BLIKWISSELINGEN NAAR VERGEZICHTEN

Anders kijken naar hetzelfde

Er komt een beeld naar voren van een sturende overheid die niet echt koerst op de kracht van de samenleving, maar ook van een zoekende samenleving die de veerkracht niet vanzelfsprekend benut en er soms bij geholpen moet worden. De overheid probeert ingewikkelde vragen met een beperkte set van waarden en instrumenten bij te sturen, wat leidt tot meer van hetzelfde om grip te krijgen. In de samenleving zien we juist variëteit en heel veel verschillen in pogingen om elkaar te blijven begrijpen en verbinding te maken. De voorbeelden gaven daarin een inkijkje, dat is zeker niet bedoeld als volledig. Het bevestigt vooral hoe anders Nederland eruitziet dan een puntenwolk van koopkrachtontwikkelingen of een trend in het bbp. Voor een eerlijke kans op een goed leven zijn ook sociale samenhang, democratie en onze leefomgeving onmisbaar. De overheid heeft moeite met verschil en de samenleving met uniformiteit, zou je kunnen stellen. Hoe kan dat beter samenkomen?

Daarvoor is het allereerst belangrijk voorzichtig te zijn met het voortdurende beeld van polarisatie dat mensen steeds vaker het gevoel geeft in een voor-of-tegensamenleving te leven, waarbij je nu eenmaal voor of tegen iets moet zijn. Of dat nu klimaatbeleid, de EU of de regering in het algemeen is. Terwijl we ook weten dat er steeds weer een

– weliswaar stillere – genuanceerde groep mensen tussenin zit. Die groep hoor je zelden luid en duidelijk. Maar die is er wel. Het leven is niet zwart-wit, er is altijd wel een argument voor of tegen overheidsbeleid, veel mensen worden ook wel goed geholpen door publieke voorzieningen, en we zullen het in de samenleving samen moeten doen.

De besproken verhalen in dit boek laten echter wel dat beeld van verbinding zien. Over wat we delen en van waarde vinden. Wat meer bewustzijn daarover kan ons duidelijk maken wat voor samenleving we willen zijn. Dat bewustzijn wordt groter als we zelf verbinding maken met anderen, of door zinvol en actief mee te doen in werk of vrijwillige activiteiten, en door af en toe even stil te staan en aan zelfreflectie te doen. Natuurlijk zijn er politieke verschillen van mening, maar niet alles in het leven is of hoeft een politieke tegenstelling te zijn. Er liggen talloze aanknopingspunten onder onze ogen voor een aansprekend en gedeeld verhaal over Nederland.

Ik zie drie grote blikwisselingen die ons daarbij helpen: 1) een realistischer beeld van wat voor mensen in hun dagelijks leven belangrijk is, 2) een bredere blik op de maatschappelijke vraagstukken in onze welvarende samenleving dan enkel vanuit een smal perspectief op economische groei, en 3) een ander gesprek over wat we van elkaar en van de overheid of bedrijven mogen verwachten.

Blikwisseling 1
Anders kijken naar mensen

Van 'de' burger in een grafiek naar een verhaal over de verschillen tussen mensen

Als burgers prijs en kwaliteit van ongeveer alles in de samenleving zouden moeten wegen om individueel tot een bepaalde mate van consumptie in de zorg of het onderwijs te komen, waarbij alles meetbaar en afrekenbaar moet zijn, blijft de waarde van die voorzieningen voor de samenleving onderbelicht. Doorrekeningen op financieel gebied voeren de boventoon en dat wat minder makkelijk te kwantificeren is, zoals soms rechtvaardigheid of sociale cohesie, delft sneller het onderspit. Het heeft geleid tot een schijnwerkelijkheid waarbij alles wat te tellen valt voorrang krijgt, waarbij de burger als kiezende en calculerende klant in een spreadsheet terug te vinden is, die dan de 'knoppen' laat zien waaraan het beleid kan 'draaien' om bepaald gedrag te realiseren. We moeten van een beeld van de rationeel calculerende burger, die ook potentieel te wantrouwen is vanwege misbruik, naar een betrouwbare overheid die met vertrouwen samenwerkt met burgers, in al hun verschillen en diversiteit.

De verhalen uit de samenleving die hiervoor werden genoemd laten een ander beeld van de dagelijkse werkelijkheid zien, namelijk ook een beeld van vrijwilligerswerk, families en buurten, werkgemeenschappen en goede doelen. Mensen die naast gebruiker van een voorziening ook voor anderen zorgen, hun weg op school of in werk proberen te vinden en daar af en toe bij gesteund worden. Lang niet altijd door de overheid, maar ook vaak door de mensen om hen heen. De overheid hoort er te zijn voor diegenen die dat geluk niet hebben en op andere manieren ondersteuning verdienen zodat ze niet door de sociale basis zakken. Die verschillen tussen mensen zijn dan veel meer uitgangspunt bij het maken van beleid.

Die verschillen treden ook al vroeg op, in het huishouden waar je geboren wordt en de klas waarin je op school terechtkomt met die ene leerkracht die juist wel of niet de tijd en aandacht aan jouw talenten en mogelijkheden kan besteden. De verschillen werken door in generaties en groepen in onze samenleving en hoe we elkaar waarderen, waarbij de eerder besproken lage waardering voor mensen met minder scholing opvalt. In het boek *De onmisbaren* (2021) laat Ron Meyer zien hoe dit hele groepen op achterstand heeft geplaatst en hoe onrechtvaardig dat uitpakt. Voor een inclusiever verhaal over mensen en meedoen in onze samenleving moeten we onze blik verleggen en verbreden.

Er zijn veel inzichten voorhanden die daarbij kunnen helpen. Soms kwantitatief, soms kwalitatief. Het punt is de houding en het gedrag van degenen die er iets mee moeten doen in beleid en politiek. Ze passen niet altijd in het management- en spreadsheetdenken, dat nog steeds domineert. Een kwalitatieve studie over hoe polarisatie vanuit mensen bezien werkt, wordt niet altijd ervaren als even hard bewijs als een puntenwolk over koopkracht of grafiek met besmettingscijfers. Die houding zal moeten veranderen om de problemen van de toekomst aan te kunnen. Die zijn veel complexer en moeten op een andere manier gewogen worden. Zoals de onderwijsachterstanden en de segregatie in het onderwijs die in de loop van de tijd optreden en manifest worden, of het psychisch welbevinden, dat niet in een week tijd verandert, maar in de loop van een crisis zwaarder gaat doorwegen.

Van het denken in maatregelen naar het denken vanuit mensen

Daar hoort bij dat beleid wat minder vanuit losse maatregelen en meer vanuit mensen en hun omgeving redeneert. Beleid gaat veelal over een aanbod van zorg of ondersteuning. Het verzorgt onderwijs. Richt locaties met huizen in. Bedenkt innovatieve klimaatoplossingen. Kondigt een energietransitie af. Maar wat betekent dat concreet? Wat doet het met sociale verhoudingen in de samenleving, met ongelijkheid en participatie, met polarisatie of met sociaal en institutioneel vertrouwen?

Veel beleid zit nog steeds in kokers, en het gedrag om daarin te blijven werken is door de jaren heen ontwikkeld. Niemands leven behelst alleen zorg of alleen onderwijs, hoe goedbedoeld losse maatregelen op die terreinen ook kunnen zijn. Zolang die verkokerde manier van werken gewaardeerd wordt in de wereld van het beleid, vaak doordat politiek succes op het binnenhalen van losstaande maatregelen gericht is, zal het niet wijzigen. Dat is echt problematisch. Neem opnieuw de jongere generatie, die structureel een minder goede uitgangspositie heeft met minder vaak vast werk en moeite om een huis te vinden, laat staan een hypotheek te betalen of fatsoenlijk pensioen op te bouwen. Het aandeel jongeren met tijdelijk werk nam in Nederland exponentieel toe in de achterliggende periode, met navenant meer onzekerheid over de toekomst, het starten van een gezin of het maken van plannen. Vooral academici en hbo'ers zagen die zekerheden (nog) meer zeker worden. Mbo'ers het tegenovergestelde. Het is dus alles tegelijk, en we moeten toe naar een brede aanpak (SER Jongerenplatform, 2019).

Het is geen onwil van beleidsambtenaren of politici en ik ben ook niet de eerste die het zegt. Maar de ogen moeten wel open, want dit is institutioneel van aard. Onze systemen zijn zo ingericht dat beleid niet vanuit mensen hoeft te redeneren om het goed te doen. Dat is systemisch. We zijn bijvoorbeeld gewend om vanuit een zorgperspectief beleid te maken voor patiënten, maar de mens achter de patiënt kan ook met schulden te maken hebben, waardoor de situatie niet verbetert. Het denken vanuit de maatschappelijke opgave is breder dan enkel vanuit maatregelen binnen een domein of sector. Het vergt dus minder focus op losse maatregelen en meer inbedding in wat ze in de volle breedte van het leven van mensen betekenen. Het vergt niet redeneren vanuit taken en verantwoordelijkheden binnen de beleidskokers, maar vanuit de doelstellingen voor mensen en voor de samenleving.

Blikwisseling 2
Anders kijken naar maatschappelijke opgaven

We zullen vervolgens dus anders moeten kijken naar de vraagstukken waar we voor staan. Van het oplossen van problemen naar de aanpak van domeinoverstijgende maatschappelijke opgaven. Van een smalle blik op welvaart en groei naar een integrale blik op ons welzijn en welbevinden. In de vorige paragraaf passeerden verhalen en ervaringen uit de samenleving. Het helpt in het debat over brede welvaart om op die manier vanuit mensen en de samenleving te denken: over verbinding tussen mensen en hun leefomgeving, meedoen en participeren in samenleving en economie, en verantwoordelijkheid nemen voor nieuwe creatieve oplossingen.

Van een smalle naar een bredere blik op welvaart

Nederland is een rijk en welvarend land. Tenminste als je naar de omvang van onze economie kijkt, de lage werkloosheid, de investeringen, de wereldhandel en het bbp. Kijk je naar onze voetprint op de aardbol, dan doen we het een heel stuk minder. Dat laten de onderzoeken van het Planbureau voor de Leefomgeving (PBL, 2021) en de CBS Brede Welvaart Monitor (CBS, 2021) al jaren zien. Dit hangt deels samen met die sterke – maar deels verouderde – economie, die de omslag naar meer duurzaamheid maakt. Als het gaat om sociale cohesie, kansengelijkheid en democratie beschouwen we die belangrijke randvoorwaarden voor een goed leven nu en later niet altijd als onderdeel van welvaart, maar ze zijn dat wel. Dit zijn geen nieuwe inzichten, maar het blijkt lastig er in de praktijk iets mee te doen. Dat heeft oorzaken die we moeten zien te doorbreken.

Het vergt bijvoorbeeld scherpere inhoudelijke doelen om over beleidsterreinen heen op te sturen: de inclusieve samenleving, een duurzame economie, een betrouwbare overheid, een sterke democratische rechtsstaat en de zorg voor klimaat en leefomgeving (SCP, CPB en PBL, 2019). Dat is niet alleen een politieke keuze, maar het kader vanwaaruit overheid en bedrijfsleven zeggen te willen werken. Daar horen dus bijvoorbeeld ook mensenrechten bij en beginselen van behoorlijk bestuur of klimaatafspraken. Vanuit sociaal en cultureel opzicht bezien gaat dat over participatie in de samenleving in brede zin (dus niet enkel werk), het gaat over de sociale basis (en dus hoe je met ongelijkheid en solidariteit omgaat) en om de rol- en verantwoordelijkheidsverdeling tussen overheid, burgers en bedrijven, maar ook de legitimiteit van het handelen van de overheid (in de democratie).

In het regeerakkoord van het kabinet-Rutte IV wordt brede welvaart benoemd, maar vooral waar het om duurzame ontwikkeling gaat. De strijd tegen kansenongelijkheid wordt daar niet direct mee in verband gebracht, terwijl de inzet op nieuwe energiebronnen en het bouwen van nieuwe woonwijken in potentie een enorm positief, maar ook negatief effect daarop kan hebben. Bouwen beïnvloedt voor decennia de sociale samenhang in een gemeenschap. Voor wie zijn de woningen betaalbaar, kun je in de buurt van je werk wonen, kunnen kinderen er naar een school en is er segregatie van bevolkingsgroepen? Kunnen ouderen er wandelend naar een supermarkt zodat ze nog blijven bewegen? Ook de verandering van energiebron moet je kunnen betalen. Gezond leven is niet voor iedereen weggelegd. Stel dus doelen over kokers heen en richt daar de politieke besluitvorming op in. De minister voor Klimaat en Energie gaat daarmee net zo goed over Sociale Zaken, Armoedebeleid en Wonen.

Als het dus gaat om sturen op brede welvaart via de rijksbegroting of in regeerakkoorden, wat verstandig is omdat de allocatie van middelen sterk stuurt, dan kunnen we meer dan nu een variëteit aan doelen hanteren, en de kortetermijnproblemen aan langetermijnoplossingen verbinden. De uitdaging is de uitruilen of win-winopties voor economie, leefomgeving en samenleving inzichtelijker te maken. Dat betekent inzichtelijk maken wat investeringen nu in technologie of onderwijs op lange termijn opleveren. Daarbij gaat het ook om de toets aan normen voor behoorlijk bestuur, aan een sociale basis en een inclusieve samenleving, en dus om beleid te toetsen op wat de mogelijke impact ervan zal zijn. Er moet wel bereidheid zijn om te denken in dilemma's in plaats van kant-en-klare oplossingen en losse maatregelen, en om gebruik te maken van verschillende kennisbronnen, van kwantitatief tot kwalitatief, en ervaringskennis.

Van cijfers als objectieve heilige graal naar brede, meer integrale inzichten

De enorme behoefte aan cijfermatige onderbouwingen en doorrekeningen leidt tot minder gewicht voor kwalitatieve inzichten in hoe de samenleving werkt of hoe gedrag verloopt. Eerder besprak ik al dat dit zorgt voor een schijnwerkelijkheid en de problemen niet echt oplost. Onze toekomst is niet alleen met cijfers te onderbouwen, hoe belangrijk ze ook zijn. Soms belemmeren ze juist ons zicht op onderstromen in de samenleving, bijvoorbeeld op hoe ongelijkheid zich ontwikkelt en hoe dit sluimerend voor polarisatie kan zorgen. Dan leidt het tot schijnzekerheden. Dat doet iets met het vertrouwen in de overheid, die beleid steeds moet bijstellen.

Natuurlijk zijn er – zoals ook bij de economische en klimaatafwegingen – politieke keuzes te maken, maar we hebben ook mensenrechten, sociale grondrechten en een VN-verdrag voor mensen met een handicap. Die zijn ook het gevolg van eerdere politieke keuzes. Er is dus voor gekozen. Net als de grondregels van onze democratie, zoals macht en tegenmacht tussen parlement en regering of met de rechtspraak, en de codes van behoorlijk bestuur. Daarin zijn normen vastgelegd waaraan Nederland zich committeert, net als dat er afspraken gemaakt zijn over waar we in de economie op sturen of hoe het gedrag op markten eruit behoort te zien. De politiek kan ze verder inkleuren, maar ze horen bij de afwegingen met betrekking tot brede welvaart.

Interessant was in 2019 de uitnodiging, op verzoek van de Tweede Kamer, om samen met de directeur van het Planbureau voor de Leefomgeving deel te nemen aan de zogenaamde Studiegroep Begrotingsruimte. Een studiegroep met Haagse topambtenaren onder leiding van de secretaris-generaal van het ministerie van Financiën, maar ook standaard met de directeur van het Centraal Planbureau en deelname door De Nederlandsche Bank. In eerste aanleg twijfelde ik wat ik in dat gremium met financieel experts in te brengen had. Naarmate het adviestraject vorderde werd het me duidelijk. De studiegroep adviseert over de begrotingsregels voor het nieuwe kabinet, en het maakt nogal uit op welke doelen je stuurt. Blijven die dicht bij het uitgangspunt van voortzetting en versterking van huidige economische groei, efficiency en kostenbeheersing, of moet het anders? En anders moet het, dat hebben we kunnen bepleiten (ministerie van Financiën, 2020).

De uitkomst was dat de Studiegroep Begrotingsruimte brede welvaart als uitgangspunt adviseerde, maar wel met twijfels. Want hoe operationaliseer je dat? En wanneer is het politiek? Zeker als het moeilijk kwantitatief door te rekenen valt. Dus aandacht voor sociale cohesie of kansenongelijkheid wordt vrij snel als politieke keuze gezien en sturen op het bbp veel minder. De CBS Monitor Brede Welvaart helpt wel het brede inzicht te behouden, maar dat biedt nog geen inzicht in wat maatregelen in het onderwijs (zoals een verlengde brugperiode of veranderingen in het leenstelsel) of de zorg (investeringen in wijkzorg of preventie) op langere termijn opleveren in termen van gezondheid of participatie in (vrijwilligers)werk, en wat het kan bijdragen aan een vermindering van kansenongelijkheid. Het is spannend hoe het kabinet-Rutte IV hiermee om zal gaan, omdat brede welvaart als uitgangspunt wel wordt omarmd, maar niet vanzelfsprekend in het handelingspatroon zit.

In het sociaalwetenschappelijk onderzoek hebben we overigens ook nog werk te doen om naast de meerjarige doorrekeningen op koopkracht, schuldposities, milieueffecten en dergelijke betere inzichten te bieden over wat het bijvoorbeeld betekent om nu meer te investeren in onderwijs of ondersteuning en wat dat op termijn betekent voor de arbeidsmarkt, sociale cohesie en sociaal vertrouwen. Dat betekent niet per se een uitruil of *zero-sum game*. Budget kan sturend zijn, maar zich later ook terugbetalen in termen van veiligheid of leefbaarheid. Ook universiteiten en het bedrijfsleven werken hieraan. Het is vooral de snelheid waarmee sociale indicatoren en inzichten als 'politiek' worden beschouwd in de beleidswereld die me verontrust.

De coronacrisis bracht (nog) geen kentering

Een korte terugblik op de inbreng van kennis in de coronacrisis, onder meer door het SCP en de RIVM-gedragsunit, laat zien hoe lastig het is anders te denken. De gedragsunit van het RIVM bracht onder meer in kaart of mensen de contactbeperkende maatregelen willen naleven, en of er draagvlak was. Ook de effecten van beperkende maatregelen in het maatschappelijk leven werden onderzocht, zoals het effect van (het risico op) baanverlies op mentaal welbevinden, het effect van sociaal en emotioneel isolement, of bijvoorbeeld de gevolgen van de sluiting van scholen voor kinderen met achterstanden of problemen thuis. Soms liepen de gegevens een enkele maand achter – voor wetenschappelijk onderzoek is dat al snel onderzoek – maar hoe erg is dat? Dit zijn geen dagkoersen zoals die van besmettingen. Toch bleef er altijd de wens om sneller en meer getallen aan te leveren. Inzichten voor de langere termijn of meer kwalitatief van aard werden minder relevant gevonden of als lastig ervaren, soms ook omdat ze de keerzijde van alle beperkende maatregelen aandroegen. Opbieden tegen dagkoersen van besmettingen is niet alleen een zinloze bezigheid, maar doet ook dat langeretermijnbeeld van maatschappelijke impact onrecht. Het gaat om effecten die op enig moment voor de samenleving zwaarder gaan wegen ten opzichte van die dagkoersen. Het gaat om de weging van alle inzichten, en wat je het belangrijkst vindt als er keuzes gemaakt moeten worden. Dat het geen klinische uitruil tussen volksgezondheid en maatschappelijke impact is, werd later duidelijk toen de positie van jongeren en van het onderwijs steeds meer onder druk kwam te staan. De problemen werden steeds meer invoelbaar en dat klonk door in de politieke besluitvorming.

Alle relevante kennis is nodig om op een integrale manier het leven van mensen in beeld te krijgen en daarmee te kunnen beslissen. Dat is soms cijfermatige kennis, en soms juist kwalitatief of op basis van ervaringskennis uit de samenleving. Aandacht voor die wisselwerking is nodig, want de wetenschap is niet louter een databoer die levert. Het zou een leerproces over en weer moeten zijn om de ingewikkelde problemen van nu te doorgronden en tijdig bij te kunnen sturen, ook op de benodigde kennis. Het gaat erom de dialoog tussen alle disciplines vaker te organiseren. Je kunt naast het Outbreak Management Team een Maatschappelijk Impact Team zetten, maar dan nog is de vraag hoe al die ongelijksoortige kennis – die dan wel op een andere manier de besluitvorming in komt – door de politiek gewogen wordt. De dilemma's moeten veel scherper onderbouwd op tafel komen, ook waar kennis erover ontbreekt, zodat voorkomen kan worden dat alles een uitruil met – in het geval van een pandemie – de volksgezondheidsbelangen wordt. Dat biedt een breder perspectief op welvaart en welbevinden, dat we brede welvaart noemen. Gezondheid is daar onderdeel van.

Voor politici zijn de volgende verkiezingen altijd dichtbij, wat de verleiding soms groot maakt om de werkelijkheid – al dan niet onder druk van een crisis – te versmallen tot enkele cijfers en losstaande maatregelen. Terwijl de grote maatschappelijke kwesties rond wonen, klimaat, energie en sociale ongelijkheid juist om verbinding vragen tussen alle domeinen van het dagelijks leven, van de economie en samenleving, en om het verbinden van de korte aan de lange termijn. Er is meer rust, reflectie en leervermogen nodig in de Haagse beleidswerkelijkheid om de smallere blik van het spreadsheetdenken te doorbreken.

Blikwisseling 3
Anders kijken naar verantwoordelijkheden

Naast het anders denken over mensen en over de opgaven waar we voor staan in de samenleving, is het verstandig ook de rolverdeling en wederzijdse verwachtingen tegen het licht te houden. Dat gaat over hoe we met elkaar de samenleving inrichten en naar elkaar kijken, wat we van elkaar en van de overheid mogen verwachten. Of we elkaar vertrouwen.

Van overheid en markt naar gemeenschap en burgerinitiatief

De manier waarop de overheid de afgelopen decennia stuurde heeft niet geleid tot meer oplossingsvermogen en samenwerking met burgers, bedrijven en instellingen. Eerder tot competitieve verhoudingen, waarin de burger als klant moet kiezen op een markt en daar ook prestaties opeist. Tijdens twee jaar coronapandemie is daar een top-down directief sturende overheid bovenop gekomen die diep ingreep in het sociale leven van mensen. Bij elkaar opgeteld is de samenleving steeds meer naar de politiek gaan kijken als partij die voor elk probleem dat zich voordoet een oplossing moet aandragen. De verwachtingen zijn torenhoog, en worden alsmaar hoger. Verkiezingsbeloften doen daar een schepje bovenop. Al zitten velen niet op een overheid te wachten die zo veel invloed had als tijdens de pandemie. De politiek lijkt soms echter elk risico op pech of misstanden te moeten voorkomen en krijgt ervanlangs als dat niet lukt. Ze roept dat over zichzelf af. Hoe dan ook, het heeft de gemeenschap als oplossing meer weggedrukt.

Nederland kent een eeuwenoude traditie van machtsdeling tussen de overheid, burgers, bedrijven en instellingen. Machtsdeling gaat misschien niet altijd goed, en het kan in een crisis (zoals door het coronavirus) ook misgaan als iedereen tegelijkertijd iets te zeggen heeft. Doorgaans voorkomt het echter wel dat een partij de almacht heeft. Dat levert een prettiger land op dan wanneer de overheid altijd aan je tafel zit en bepaalt. Er bestaan allerlei vormen van burgerparticipatie die kunnen leiden tot invloed op overheidsbeleid, als het ware als aanvulling op de representatieve democratie. Bijvoorbeeld inspraakrondes of referenda. We zagen in de historische schets ook al dat er allerlei varianten van coproductie en interactief beleid zijn ontstaan, soms ook al vroeg bij de beleidsvoorbereiding. Het levert lessen op om weer naar meer machtsdeling met de samenleving toe te gaan.

Het draait bij burgerinitiatief echter niet primair om overheidsbeleid. De zogenaamde civil society gaat over 'de maatschappelijke verbanden die niet tot de staat behoren en waarvan de kern ook niet in de individuele levenssfeer of de formele economie ligt' (Dekker, 1994). We spreken over burgerinitiatief als er sprake is van een vorm van zelforganisatie van burgers die gericht is op verbetering van de eigen levenssituatie of de samenleving, waarbij een aantal mensen betrokken is. Dat kan zijn in de vorm van tijdelijke actiegroepen en projectgroepen tot coöperatieve organisaties (bijvoorbeeld rond zorg, wonen of energievoorziening). Er zijn vrijwilligers actief of semiprofessionals, en het gaat om kleinschalige en minder geïnstitutionaliseerde initiatieven (Van Houwelingen et al., 2014; Mensink, 2018; 2021). Het burgerinitiatief is minder een politieke vorm van participatie, maar is op maatschappelijke doelen gericht.

Het organiseren van dit soort collectiviteiten hoeft lang niet altijd van de overheid te komen. We zagen eerder in dit boek ook initiatieven waarbij mensen in groepsverband, in stichtingen of via verenigingen of goede doelen elkaar helpen en ondersteunen. Of dat nu voor plezier en bewegen is, of voor wonen, energie- en zorgvoorzieningen. In het regeerakkoord wordt ingezet op het stimuleren en faciliteren van meer burgerinitiatieven. Het SCP heeft daarbij aangegeven om op te letten dat niet alleen burgerbetrokkenheid bij de uitvoering van al door de overheid vastgesteld beleid plaatsvindt (SCP, 2022). Dat maakt burgers of hun initiatieven eerder verlengstuk of uitvoerder van overheidsbeleid, terwijl we zagen dat het leven van burgers over veel meer dingen dan overheidsbeleid gaat. Er zijn verschillende motivaties om voor het collectief iets te doen. Een kenmerk van de civil society is ook de kritische houding naar de overheid, die zich niet overal mee moet bemoeien (Mensink, 2018). Tegelijkertijd is het van belang in de gaten te houden hoe toegankelijk die initiatieven zijn en voor wie. Wie bereiken ze? Als bestaande scheidslijnen erdoor worden versterkt, omdat de mensen die hun weg ook al in de bureaucratie van de overheid wisten te vinden ook hieraan deelnemen, helpt dat niet de mensen die al aan de kant stonden.

De coronacrisis leert ons dat – zeker wanneer een crisis langer aanhoudt – deze verbanden cruciaal zijn om het eigenaarschap van problemen en oplossingen te delen. De grote beperkingen die aan het maatschappelijk leven werden opgelegd liepen namelijk al vrij snel tegen een klassiek collectief actiedilemma aan. Als de spelregels (gericht op contactbeperkingen) voor langere tijd duren, en deze niet gedragen worden door de samenleving zelf, dan wordt het steeds lastiger ze te handhaven. Gedeeld eigenaarschap is dan cruciaal, bijvoorbeeld van sectoren of scholen en zorginstellingen, die zelf ook invulling aan de regels kunnen geven. Of gemeenten die verschil kunnen maken naar situaties en met vrijwilligers samenwerken. Dat bleef de hele crisis lang onderbelicht. Als het langer duurt is de samenleving steeds harder nodig.

Het denken vanuit overheid en beleid zal zich moeten verplaatsen naar het denken vanuit burgerschap en burgerinitiatieven. Daar draagt iedereen zelf verantwoordelijkheid voor, maar het gaat ook niet altijd zonder ondersteuning van een betrouwbare overheid die vanuit burgers denkt.

Van sturen op vertrouwen naar betrouwbaar zijn

Meer ruimte voor burgerinitiatief vraagt meer vertrouwen in burgers. We schetsten eerder hoe het wantrouwen in de burger in het beleid geslopen is. Gek genoeg zijn politiek en overheid meer met dat vraagstuk van vertrouwen bezig de andere kant op, namelijk of de burger hen nog wel vertrouwt. Tijdens de coronacrisis halveerde het vertrouwen, na een aanvankelijke stijging tot driekwart van de bevolking. Mensen in een structureel minder zekere positie hebben gemiddeld genomen minder vertrouwen dan anderen. Hier zien we de verschillen naar opleidingsniveau terug, net als migratieachtergrond. Naarmate meer mensen aan de verkeerde kant van de streep dreigen te komen zet dat het vertrouwen meer onder druk. In de coronacrisis lag ook dat mechanisme onder het vergrootglas, opgeteld bij toenemende sociale spanningen tussen mensen die het coronabeleid wel en niet steunden, mensen die voor en tegen vaccineren waren of zelfs in complotten geloofden.

Daar komt bij dat de eens zo betrouwbare Nederlandse ambtenarij en overheid niet langer het aanzien hebben dat ze ooit hadden. De bureaucratie is ingewikkelder geworden, en soms niet meer te volgen of mensen worden onterecht voor potentieel fraudeur aangezien. Een deel van de mensen die aan moeten kloppen bij een overheidsloket raakt de weg kwijt, zeker als ze niet digitaal vaardig zijn of niet op de goede plek en het goede moment passend kunnen communiceren. Ook daar zien we dezelfde scheidslijnen terug: mensen met meer scholing vinden makkelijker de weg en mensen in een kwetsbare positie zonder zo iemand in de buurt niet. De ongelijke toegang tot publieke voorzieningen is daarmee toegenomen, mensen zien door de bomen het bos niet meer, of zien af van het vragen om hulp uit angst dat ze een formulier vergeten of verkeerd invullen. De overheid probeert vertrouwen terug te winnen, maar de vraag of de overheid zelf burgers wel vertrouwt blijft alsmaar onbeantwoord of niet positief weerlegd.

Niet alarmeren en niet relativeren, neem vertrouwen serieus

Het vertrouwen van Nederlanders is wel het onderwerp waarop ik in al die jaren het meest bevraagd ben en wat mij soms in de war kan brengen. Hoe moet je vertrouwenscijfers interpreteren? Hoe zorg je ervoor dat je niet te alarmistisch bent, zodat je bijdraagt aan een selffulfilling prophecy van dalend vertrouwen en cynisme? Maar hoe voorkom je ook dat je de onderstroom en de signalen niet serieus genoeg neemt, terwijl je belangrijke oorzaken in bijvoorbeeld ongelijke kansen in de samenleving en ongelijke mogelijkheden tot invloed in de politiek als structurele problemen benoemt?

Neem de recente lage opkomst bij de gemeenteraadsverkiezingen op 16 maart 2022. Natuurlijk zijn er verklaringen, van onbekendheid met lokale politici of thema's tot wantrouwen en afhaken, of gewoon andere redenen. In het boek *Veenbrand* (2019) sprak ik over smeulende kwesties van kansenongelijkheid, problemen in de representatie in onze democratische instituties en een overheid die niet altijd als betrouwbaar en rechtvaardig wordt beschouwd. Dat is in elk geval niet minder actueel geworden.

Toch moeten we voorzichtig zijn om Nederland te snel een laagvertrouwensamenleving te noemen. Allereerst omdat het sociaal vertrouwen stabiel hoog is en het niet alleen om institutioneel vertrouwen gaat. Veel Nederlanders hebben daarnaast vertrouwen in de instituties. Het kwam ook vaker voor dat het politiek vertrouwen daalt richting de 35 procent van de bevolking, wat voor Nederlandse begrippen echter wel heel laag is. Veelal veert het terug, bijvoorbeeld bij het aantreden van een nieuw kabinet. Dat is niet gebeurd bij het kabinet-Rutte IV (Engbersen et al., 2021; SCP, 2021). Al laten sommige peilingen een heel lichte opleving zien in de eerste maanden van 2022. Veel zal afhangen van de vraag of de overheid betrouwbaar blijkt in een aantal grote kwesties zoals de nasleep van de coronacrisis, de gaswinning en compensaties in Groningen, de afhandeling van de toeslagenaffaire, de oplossingen voor problemen in de jeugdzorg en de ouderenzorg, en het aanpakken van de onderwijsachterstanden. Als mensen een betrouwbare overheid ervaren kunnen ze overwegen of ze deze ook weer vertrouwen geven. Het is dus belangrijk betrouwbaar te zijn, en daarop te sturen, maar ook mensen het vertrouwen te geven, goed met hen samen te werken en hun mogelijkheden te geven zoals bij burgerinitiatieven.

Kortom, de samenleving levert tal van blikwisselingen op die aansporen om in het overheidsbeleid vanuit echte mensen na te denken, maar ook om over alle schotten en domeinen heen de maatschappelijke opgaven centraal te stellen en helder te zijn in wat we van een betrouwbare overheid en een betrokken samenleving mogen verwachten.

6

NAAR EEN SAMENLEVING MET EEN VERHAAL

Onze samenleving heeft een verhaal nodig. Dat gaat niet komen van een sturende overheid die maar beperkt op de samenleving koerst. Ons sociaal contract is onder druk komen te staan doordat het te lang verengd is tot het sturen op het management van de BV Nederland, die van calculerende burgers uitgaat. Opgeteld bij de nadruk die is komen te liggen op alsmaar beter presteren op school, en zelfredzaam te zijn in werk of in het sociale leven, is de participatiesamenleving ook een prestatiesamenleving geworden die stress, burn-out, uitsluiting en oppervlakkigheid met zich mee kan brengen, en waarin een deel van de samenleving verder op achterstand raakt (Janssen en Putters, 2022). Het bracht velen ook autonomie en meer vrijheid, maar roept vragen op over wat zorgzaamheid en solidariteit ons waard zijn.

In wijken, buurten, op het werk of met vrienden maken mensen zelf echter tal van verbindingen om elkaar te helpen, alleen is niet iedereen verbonden met anderen. Als de maatschappelijke verhoudingen scheefgroeien, de sociale ongelijkheid groter wordt en de instituties structureel in het voordeel van sommigen lijken uit te werken, dan komt het bouwwerk (lees: het sociaal contract) in gevaar (Van Noije en Putters, 2018). Willem Witteveen, hoogleraar Encyclopedie van het Recht aan de Universiteit Tilburg en mijn oud-collega uit de Eerste Kamer, die met zijn dochter en vrouw bij de Russische aanslag op de MH17 is omgekomen, stelde dit aan de orde met een indringende vraag: *hoeveel ongelijkheid kan de democratische rechtsstaat verdragen?* Hij zag het destijds al.

Het anders kijken naar mensen, naar maatschappelijke opgaven en naar hoe we met elkaar omgaan, vraagt om een herijking van ons sociaal contract, als basis voor een verhaal voor en over Nederland. Daarin zouden burgerschap, burgerinitiatieven in ondernemerschap een veel belangrijkere plek moeten krijgen, zodat we leren omgaan met de variëteit in onze samenleving. De overheid is dus niet alleen aan zet, maar ze kan wel normen stellen, bijvoorbeeld over de sociale basis, en omtrent de doelen van een inclusieve samenleving. Er is ook een andere manier van kennisverwerving en dialoog nodig ten behoeve van de lastige afwegingen rond brede welvaart. Met een aantal aanbevelingen voor de herijking van het sociaal contract sluit ik daarom dit boek af. Dat zijn geen kant-en-klare oplossingen, maar ze geven wel de richting aan die we op zouden moeten gaan.

Maatschappelijke opgaven leidend

Het sociaal contract gaat over meer dan een overheid die betrouwbaarder moet zijn en anders moet gaan werken. Eerder benadrukte ik daarom de urgentie van een vernieuwd sociaal contract, waarbij meer vanuit mensen zou moeten worden geredeneerd en waarin die wederzijdse verwachtingen tussen overheid, burgers en bedrijven worden herijkt (Putters, 2017; 2018; 2019). Pieter Omtzigt (2021) schreef er een goed en scherp boek, *Een nieuw sociaal contract*, over, met speciale aandacht voor de rol van een betrouwbare en rechtvaardige overheid in de democratische rechtsorde. Het gaat erover hoe we vanuit het perspectief van, en kennis over, de verschillen tussen burgers met grote maatschappelijke opgaven omgaan die in het leven door elkaar heen een rol spelen, waarbij voor sommigen de problemen stapelen. Het zijn opgaven die over de grenzen van sectoren en departementen gaan en zouden moeten leiden tot breed gedeelde en heldere doelstellingen.

Formuleer maatschappelijke opgaven met realistische verwachtingen

Het kenmerk van maatschappelijke opgaven is dat ze zich niet aan grenzen van beleidsdomeinen of klassieke sectoren houden. Onder meer de digitalisering, de combinatiedruk die velen in het dagelijks leven ervaren rond werken, zorgen en leren, en de snelheid waarmee we communiceren en informatie tot ons nemen versterken dat. Ze raken onze manier van leven en beïnvloeden de wederzijdse verwachtingen en verantwoordelijkheden tussen de overheid en burgers. Kenmerk is ook dat van de overheid geen panklare oplossingen verwacht kunnen worden, de besproken problemen rond het functioneren van de overheid nog daargelaten. Burger, overheid, bedrijven en samenleving zijn samen aan zet. Het SCP spreekt over maatschappelijke opgaven vanuit het perspectief van burgers en van de samenleving. Een drietal maatschappelijke opgaven kwam in dit boek ook aan de orde en wordt hieronder kort geduid (SCP, 2021).

1 Hoe zorgen we dat burgers zinvol en volwaardig mee kunnen doen?

Het gaat daarbij om een brede deelname op verschillende leefdomeinen: betaald werk, zorg voor anderen, onderwijs, vrijwilligerswerk, vrije tijd en het sociale leven. We zagen dat vanuit de burger bezien er vele raakvlakken zijn tussen deze verschillende leefdomeinen. Je bent niet alleen werknemer, maar ook familielid, vriend, mantelzorger of consument. Mensen zorgen naast en soms ook tijdens hun werk voor kinderen en andere hulpbehoevenden. Ze proberen zich te ontwikkelen en hebben vrijwilligerswerk, hobby's, vrienden enzovoort. Het gemak waarmee deze rollen en activiteiten gecombineerd kunnen worden, bepaalt mede de kwaliteit van leven en de maatschappelijke positie en kansen van burgers. Het beïnvloedt sociale ongelijkheid en sociale samenhang. Mogelijkheden te werken, te zorgen, scholing te volgen en toegang tot verlofregelingen en respijtvoorzieningen te hebben, helpen dit alles te combineren en zelf keuzes te maken. De maatschappelijke opgave ligt in het ontwikkelen van een brede visie die leidend is voor het maken van keuzes op het gebied van de kwaliteit van werk. Dat is van belang voor een eerlijke arbeidsmarkt die niet discrimineert en de rol die bijvoorbeeld ouderschapsverlof en onbetaald werk of bijscholing daarbij spelen.

II Hoe zorgen we dat kwetsbare groepen de zorg en ondersteuning van de overheid en de samenleving krijgen die ze nodig hebben?

Er is een groep mensen die eenzaam is, bij wie sprake is van onbenutte talenten, schulden en kwetsbaarheid in het onderwijs of op de arbeidsmarkt. Het gaat vaak om een stapeling van problemen tijdens de levensloop. Ook mensen die doorgaans grip op het leven houden, kunnen in situaties terechtkomen waarin zij voor zichzelf, of in het bijstaan van anderen, hulp of ondersteuning nodig hebben. Het effectief bereiken, ondersteunen en bieden van zorg en kansen aan deze mensen is de opgave, zoals voor mensen die door arbeidsbeperkingen beschut werk nodig hebben of jongeren die afhankelijk zijn van gespecialiseerde jeugdzorg. Dat vraagt om realistische aannames van de overheid over wat mensen kunnen, en welke hulp ze nodig hebben, en over wat preventie kan opleveren, en wat niet. Het vraagt ook om minder complexe regels over beleidsdomeinen heen. Oplossingen moeten worden gevonden in de verbinding van zorg, werk, reclassering, schuldhulpverlening en bijvoorbeeld onderwijs.

III Hoe zorgen we dat mensen zich gehoord voelen en kunnen vertrouwen op elkaar, de overheid en instanties?

Het institutioneel en sociaal vertrouwen tussen meer en minder geschoolden loopt nogal uiteen. Minder of praktisch geschoolden vinden vaker dat meer directe invloed (bijvoorbeeld via referenda) wenselijk is dan meer of theoretisch geschoolden. Ook willen veel mensen zich gerepresenteerd voelen in de politieke instituties en zijn mensen daar kritisch op. Dat betekent niet meteen dat men alle vertrouwen in deze instituties is verloren, maar wel dat men zich er niet altijd in herkent. Voor veel burgers geldt dat zij betrokken (willen) zijn bij de dingen die hun directe leefomgeving en dagelijkse activiteiten aangaan, maar dat ze lang niet altijd de motivatie hebben om mee te doen in beleidsvorming en politiek. De opgave voor de overheid is om duidelijkheid te geven over wat ze van mensen verwacht, hoe burgerinitiatieven een zinvolle rol hierbij kunnen spelen, en waar ze collectief op de overheid kunnen terugvallen (met andere woorden: wat de verantwoordelijkheid van de overheid is), maar ook dat beleid en uitvoering consistent, betrouwbaar en procedureel rechtvaardig zijn.

Burgerrechten rond bescherming en informatie beter garanderen

Met informatie- en communicatietechnologie als belangrijke drijvende krachten achter veranderende sociale, politieke en economische (arbeids)relaties, lijken de omgangsvormen en relaties in onze samenleving fundamenteel veranderd en continu te wijzigen. De personalisering van het aanbod van online-informatie en individuele mogelijkheden die dat biedt lijken oneindig en geven velen meer autonomie, maar er is een keerzijde. De coronapandemie legde dat ook scherp bloot. Het digitale leven biedt velen kansen, maar mensen die al in achterstandsposities zaten werden als eerste getroffen of liepen het grootste risico op baanverlies en sociaal isolement. Zeker als ze minder goed hun weg erop kunnen vinden of niet konden thuiswerken. Dat brengt me bij de conclusie dat ons sociaal contract voor die groep niet meer werkt, en al langere tijd niet meer. Een deel van ons krijgt het beter en komt ook een crisis wel door, een ander deel blijft achter. Overheid en samenleving hebben er te veel geloof in dat het vanzelf goed komt met de digitale ontwikkelingen.

Om dat te veranderen is toegankelijke informatie steeds belangrijker, zeker omdat het van iedereen een bijdrage vraagt. Daarbij hoort de mogelijkheid om die informatie te controleren op betrouwbaarheid, of het nu over de alternatieven voor een warmtepomp bij verduurzaming gaat of over toegang tot zorg. Sociale media en allerlei andere platforms verspreiden informatie die het vertrouwen in elkaar en in de instituties vrij snel onder druk kunnen zetten. Het informatierecht is een burgerrecht geworden. Ter bescherming van burgers, ook tegen de overheid, en om volwaardig mee te kunnen doen in de moderne samenleving. Er is een overheid nodig die mensen informatierecht garandeert en die hun bescherming biedt als ze onrechtvaardig behandeld worden. Er is een onderwijssysteem nodig dat jonge mensen mediawijs maakt en vaardigheden versterkt die helpen verder te komen in een informatiesamenleving. Het is net als destijds bij de verankering van politieke en later sociale grondrechten, die ook plaatsvonden na grote maatschappelijke veranderingen. Dit is de tijd om grotere stappen te zetten rond informatierechten, bescherming van gegevens, het kunnen controleren van informatie op betrouwbaarheid, het aanpakken van fake news en het aanleren van digitale vaardigheden (Putters, 2017; WRR, 2017).

Kortom, de herijking van ons sociaal contract gaat over de inhoud van de maatschappelijke vraagstukken die onze toekomstige samenleving en economie raken, en ook over de (grond)rechten van burgers die hen tegen de overheid en marktpartijen beschermen. Er is een machtsdisbalans ontstaan (Passchier, 2020).

Domeinoverstijgende doelen met heldere sociale basis

Daarbij is het cruciaal om scherp voor ogen te hebben wat de doelstellingen zijn die we willen bereiken, zoals meer inclusie en duurzaamheid. Daarbij horen ook normen voor het regeringsbeleid en lokaal beleid in brede zin, die moeten worden nageleefd. Bijvoorbeeld over de sociale basis, waar niemand doorheen mag zakken, en dat de instituties in hun beleid rekening moeten houden met de verschillen tussen mensen, ook in doen- en denkvermogen. Dit kan de gesignaleerde hardnekkige patronen doorbreken. Bijvoorbeeld door niet langer vanuit beleidskokers te werken, maar te redeneren vanuit wat er in het leven van mensen allemaal samenkomt. De strijd tegen kansenongelijkheid gaat over onderwijsbeleid, maar ook over armoedebeleid, economisch structuurbeleid en de aanpak van woningnood. Een overheid die anders werkt vergt een cultuurverandering naar het stellen van kaders over beleidsdomeinen heen, met gevolgen voor de opzet van begrotingen en de troonrede tot aan publieke optredens van ambtenaren en ministers. Velen voelen dit aan, ook binnen de overheid, en het is tijd het verder vorm te geven.

Doelen scherper stellen over domeinen heen

De rijksoverheid worstelt, net als het bedrijfsleven en lokale overheden, met de concretisering van brede welvaart. Daarom is het van belang om maatschappelijke, economische en ecologische doelen te formuleren – over sectorale beleidsterreinen heen – en vanuit mens en samenleving te redeneren. Het begint wellicht bij de vaststelling dat het geen strak omlijnd begrip kan zijn en dat er vooral afruilen en win-winopties verkend moeten worden, bijvoorbeeld tussen investeringen in bedrijvigheid en de mogelijkheden tot scholing en het bevorderen van kansengelijkheid.

Internationaal zijn de Sustainable Development Goals (SDG's) vastgesteld, waarmee het begrip brede welvaart veel verwantschap toont. Het nadenken over duurzame groei en klimaat, of sociale ongelijkheden, raakt immers ook internationale solidariteitsvragen. Die stellen ons continu voor afwegingen en dilemma's over de termijn waarop we doelen bereiken en voor wie op de wereld dat aan de orde is. Er zijn geen kant-en-klare oplossingen, we moeten leren omgaan met die dilemma's rond toekomstgerichte doelstellingen en afspraken over het terugdringen van armoede, het realiseren van ontwikkelmogelijkheden voor jongeren en een schonere leefomgeving.

Normen samen afspreken en eraan vasthouden

Het gaat vervolgens ook over normen, over diezelfde beleidsterreinen heen. Een meer normstellende rol kan zowel door de overheid als het bedrijfsleven of organisaties in de samenleving zelf worden ingenomen. Het betekent namelijk dat je een norm stelt rond duurzame bedrijvigheid en het terugdringen van uitstoot, of over het bestrijden van armoede en het garanderen van de sociale basis, of de basis van een gezonde leefomgeving die nergens mag ontbreken. Zinvol meedoen voor iedereen. Het zichtbaar maken van de maatschappelijke waarde van bedrijven. Feitelijk hebben we tal van normen die gewoon gelden, vanuit mensenrechten, grondrechten en normen van behoorlijk bestuur. In het kader van internationaal maatschappelijk verantwoord ondernemen kunnen en moeten ook tussen de overheid en bedrijven hierover meer afspraken worden gemaakt.

Voor het handhaven van de normen is er vervolgens evenwichtige informatie nodig op alle onderdelen van brede welvaart, zoals via de CBS Monitor Brede Welvaart, maar ook een zekere diversiteit van perspectieven over hoe je daarmee om kunt gaan, zoals eerder aangegeven. Het is belangrijk om de dialoog erover te organiseren, en educatie erop in te richten. De dialoog over brede welvaart zal vroegtijdig in beleidsprocessen moeten plaatsvinden. Op momenten dat wetgeving of Kamerbrieven nog niet voorliggen, en er een open gesprek mogelijk is. Daarmee kan het bredewelvaartdenken meer in het denken en handelen van beleidsmakers, bestuurders, burgers en ondernemers terechtkomen.

Ruimte voor burgerschap en ondernemerschap

Samenwerking is dus de sleutel. De overheid heeft echter een paar jaar hiërarchische crisissturing vanuit Den Haag achter de rug. Die sturing, letterlijk tot aan de keukentafel, was on-Nederlands. Wellicht in crisistijd – korte tijd – noodzakelijk, maar onwenselijk. De overheid hoeft echt niet te vertellen hoe je veilig sneeuwballen gooit en of er twee of drie mensen op een afdeling van een supermarkt mogen lopen. Die bemoeienis was ongekend, zeker omdat Nederlanders zeer op hun vrijheid en autonomie gericht zijn. We vinden wel dat de overheid er moet zijn als het nodig is, maar we houden haar ook graag op afstand en regelen veel zelf. De uitdaging is nu dus weer even terug te veren en na te denken over een andere manier van overheidssturing. Dat is extra van belang omdat de ambities van de overheid enorm groot zijn (zie het regeerakkoord), ook rond brede welvaart, maar de twijfels over de slagkracht van diezelfde overheid ook (Tjeenk Willink, 2021).

Een andere overheid, een nieuwe bestuurscultuur

Die 'andere' overheid zoekt actiever verbinding met en tussen mensen, kijkt hoe en wanneer mensen zinvol mee kunnen doen en of veerkracht kan worden aangesproken. De samenleving kent vele verhalen over vrijwillige inzet, mantelzorg, jongerenparticipatie en kunst. Dat geeft een ongelofelijk rijk en gevarieerd beeld van Nederland, dat sterker naar voren mag komen en kan worden gestimuleerd. Een belangrijke conclusie uit dit boek is toch wel dat de overheid moeite heeft om met die verschillen om te gaan. Keer op keer, ondanks pogingen ertoe zoals rond de participatiesamenleving. Een te smalle blik op de rol van de overheid in de samenleving, en het denken in losse maatregelen en te weinig vanuit mensen, leidt ertoe dat hardnekkige patronen in de overheidssturing blijven bestaan zoals het beeld van rationeel calculerende burgers, de praktijk van verkokering en een doorslaggevend cijferfetisjisme. Doorbreek dat.

Het is zaak dat we opnieuw tegen het licht houden op welke bescherming en voorziening van overheidswege gerekend mag worden, maar ook wat we zelf en in burgerinitiatieven of met maatschappelijke organisaties kunnen regelen. Tegenmacht, de veelbesproken andere bestuurscultuur, moet ook of juist vanuit de samenleving komen. Die samenleving is wel steeds individueler geworden. Naast vrijheid en autonomie heeft dit minder wij-gevoel en gezamenlijke verantwoordelijkheid voor het oplossen van maatschappelijke problemen tot gevolg. Er ligt nu, na de crisis, een kans om dat een impuls te geven. Laten we de burger dus wat minder zien als object van beleid dat gestuurd moet worden in werk of leren, maar meer als onderdeel van het sociaal contract. Met als uitgangspunt een brede participatie in de samenleving.

Burgerschap en burgerinitiatief

Terugblikkend op de achterliggende periode is de conclusie dat de inzet op meer participatie van en door burgers, bijvoorbeeld in het licht van de participatiesamenleving, vaak door de overheid bedachte rollen voor maatschappelijke organisaties, verenigingen en burgerinitiatieven waren, die moesten bijdragen aan beleidsdoelen als kostenbeheersing en zelfredzaamheid. Ook in het huidige regeerakkoord wordt het stimuleren van energie- of woon- en zorgcoöperaties sterk vanuit dat perspectief bij uitvoering van beleid bezien. Dat staat echter op gespannen voet met hun autonomie en kritische houding naar dezelfde overheid. De eigen invulling van participatie is de kracht van een civil society waarin vrijwillige verbanden dominant zijn. Een belangrijke les is dat de rollen vooraf helder moeten zijn, en dat burgers niet als verlengstuk van beleid moeten worden beschouwd (Mensink et al., 2013; Plaisier en De Klerk, 2018).

Een manier om daarmee om te gaan is de ruimte voor burgerschap en burgerinitiatief te vergroten en duidelijker te verankeren in de manier waarop we onze samenleving vorm willen geven, en – zoals zojuist al aangegeven – daarbij vervolgens gezamenlijk heldere doelen rond maatschappelijke opgaven te formuleren. In dialoog, maar niet via een overheid die vrijwillige organisaties doelstellingen oplegt. Burgerinitiatieven kunnen worden gefaciliteerd in de uitvoering van beleid, maar dat is niet afdoende. Een deel van de bevolking voelt zich namelijk niet gerepresenteerd bij het nemen van besluiten en wil daar juist meer initiatief op nemen, bijvoorbeeld rond zorg of energievoorziening, nog voordat uitvoering aan de orde is. Die kritische houding naar de overheid hoort ook bij democratie. De overheid kan daarnaast alert zijn op wie toegang tot burgerinitiatieven heeft en wie niet, of welke ondersteuning nodig is. Als vooral meer geschoolden de weg erheen vinden, dan verdiepen de scheidslijnen verder, omdat deze groep al minder invloed en vertrouwen had in de instituties.

Burgerinitiatieven en andere vormen van organisatie van burgers in de civil society kunnen een verbindende functie in de samenleving hebben. Geef mensen die ruimte, faciliteer waar nodig, biedt ruimte voor kritiek op de overheid, ook als er meegewerkt wordt aan de uitvoering van beleid, en wees helder voor welke ondersteuning men bij de overheid terechtkan. En waarvoor niet.

Ondernemerschap

Dat geldt ook voor ondernemerschap. Bedrijven zijn niet een verlengstuk van overheidsbeleid, maar hebben zich wel te houden aan de regels van de democratische rechtsorde. Ze dragen ook bij aan de samenleving, via hun werknemers, maar ook op tal van manieren in hun omgeving. Ze hebben maatschappelijke waarde op terreinen als duurzaamheid en inclusie. Het is van belang om de bedrijfsmodellen en de benadering van ondernemerschap hierop te doordenken, vanwege de kosten die bedrijven voor de leefomgeving met zich mee kunnen brengen, of vanwege het bevorderen van de mogelijkheden van mensen om zich verder te ontwikkelen en een echte kans op de veranderende arbeidsmarkt te kunnen hebben. De druk wordt steeds groter, ook in (internationale) wet- en regelgeving, om die maatschappelijke bijdrage van ondernemingen zichtbaar te maken.

Recent besprak de Utrechtse hoogleraar Erik Stam in een publicatie van de Wetenschappelijke Raad voor het Regeringsbeleid een aantal benaderingen over de maatschappelijke bijdrage van ondernemingen (Stam, 2022). Daarbij gaat het soms om zogenaamde statische efficiëntie, dus het optimaliseren van bestaande productieprocessen, producten en diensten (de dingen goed doen).

Andere benaderingen leggen meer de nadruk op het vernieuwen daarvan, zogenaamde dynamische efficiëntie (de dingen anders en beter doen). De theorie blijft echter sterk gericht op materiële welvaart, terwijl geluk, vertrouwen en welbevinden ook invloed op welvaart hebben, naast economische, sociale en ecologische aspecten van welvaart. Stam bepleit een bredere, meer dynamische bredewelvaartbenadering voor ondernemingen.

In die brede benadering richten ondernemingen zich op het verhogen van brede welvaart door in te zetten op nieuwe producten en diensten, en het ontwikkelen van de capaciteiten van medewerkers. Dat richt zich niet alleen op de winst voor de eigen onderneming, maar voor de samenleving als geheel. De onderneming is een waarde creerende gemeenschap die ervoor zorgt dat de leden van de onderneming zich in organisatieverband ontplooien. Leren en kennisontwikkeling worden beschouwd als de basis voor duurzame innovatie. Dat is ook van belang om steeds focus te houden en te kijken waarop wordt ingezet en gespecialiseerd, de 'purpose'. Dat is dus niet winstmaximalisatie, maar duurzame groei en inzetbaarheid, of autonomie en zeggenschap over werk voor medewerkers (Roeters et al., 2021). Een bedrijf kan nooit alleen alle aspecten van brede welvaart bedienen, maar daarover kunnen binnen bedrijfstakken afspraken gemaakt worden, bijvoorbeeld welke bedrijven zich op andere doelen richten, maar ook met de overheid.

In de strategie van VNO-NCW en MKB-Nederland is de meer dynamische benadering van brede welvaart herkenbaar. Dat biedt kansen, want het betekent dat bedrijven zich committeren om inzichtelijk te maken wat hun bijdrage is. Het begint bij het naleven van wetten en regels, maar gaat dus ook over het tegengaan van discriminatie, het respecteren van de rechten van mensen, de verduurzaming en de strijd tegen kansenongelijkheid en armoede. Brede welvaart kan met een blik op de toekomst helpen focus te houden op bijvoorbeeld innoveren, scholing en nieuwe banen.

Er zijn nog wel wat randvoorwaarden uit te werken, bijvoorbeeld wat (internationaal) maatschappelijk verantwoord ondernemen en wat sociaal of duurzaam ondernemerschap kan betekenen en hoe dat juridisch vormgegeven kan worden. Ook is maatschappelijke impact niet altijd gemakkelijk meetbaar te maken of in prijzen en een winst- of verliesrekening uit te drukken. Daarom is de inzet op scherpe doelen belangrijk, maar ook op nieuwe manieren van verantwoording afleggen. In combinatie met ruimte voor meer burgerschap biedt ruimte voor vernieuwd ondernemerschap kansen voor ons sociaal contract, waarin de kracht van samenleving en economie wordt versterkt en benut.

Positioneer en gebruik kennis anders

De rol van betrouwbare en controleerbare kennis en informatie wordt steeds belangrijker voor een goed werkend sociaal contract in onze samenleving. Zowel voor passende overheidssturing als voor burgerschap en ondernemerschap. Het is niet vanzelfsprekend dat informatie vertrouwd wordt, of dat mensen erover beschikken. Wetenschappelijk onderzoek is onderdeel van het debat over betrouwbare informatie en erover communiceren is een vak. Daar moet fundamenteler over nagedacht worden, zowel in de wetenschap als in het beleid. De wetenschap moet actief communiceren over de gebruikte methoden en reikwijdte van onderzoek. In het beleid moet onderzoek beter benut worden. Een paar focusgroepen bijeenroepen, zoals het ministerie van vws in de zomer van 2020 deed, en daar een Kamerbrief over schrijven die het beeld van 'de' samenleving in coronatijd schetst, staat daar erg ver vanaf. Helaas komt het vaker voor.

Maak een pas op de plaats met snelle oplossingen en deel eerst de feiten

Kennisinstituten moeten ervoor zorgen in dit geweld van informatie en meningen niet irrelevant of de zoveelste mening te worden. Het is een groot goed dat we in ons land waarde hechten aan betrouwbare informatie, goede analyses door wetenschappers en verschillende soorten kennis. Natuurlijk kan en moet dat altijd beter, maar het vergroot de kans op een goede onderbouwing van beleid en beleidseffecten. Het begint bij de vraag of we de feiten willen kennen over hoe het echt met mensen gaat, en of we die dan ook echt delen, welke weging we daaraan geven, en hoe we er verantwoording over afleggen en ervan leren. Die vraag zou veel vaker hardop gesteld moeten worden. Zeker in de politieke arena. Een feit is wat anders dan een mening. Zonder feiten komen we nergens. In verschillende kabinetsformaties adviseerde oud-informateur Herman Tjeenk Willink om eerst daarover in debat te gaan, in de Tweede Kamer, om te onderzoeken of er een gedeeld beeld bestaat over de feiten die ten grondslag liggen aan maatschappelijke vraagstukken (Tweede Kamer, 2021). Dan kun je van daaruit nog voldoende verschillen van mening over oplossingen. Die debatten hebben nooit plaatsgevonden. Gemiste kansen, inhoudelijk en voor draagvlak.

Varieer meer met kennisbronnen en methoden

Natuurlijk doet de aard van de onderbouwing van beleid er ook toe. Ik schetste al dat financieel-economische indicatoren en vooral kwantitatieve doorrekeningen vaak de doorslag geven. Tijdens de coronacrisis werd het overgenomen door de modellen die het potentieel aantal besmettingen van zo ongeveer elke stap in de openbare ruimte konden doorrekenen. Dat weerspiegelt echter nog geen gedrag in de praktijk. Ik citeer hier graag de WRR (2017): 'Een realistischere benadering van burger en beleid [...] kan bijdragen aan een nieuwe invulling van het sociaal contract tussen overheid en burger. Een overheid die geen rekening houdt met de begrenzingen van het denk- en doenvermogen van burgers wordt namelijk als een onbetrouwbare overheid gezien.' Het maakt betrouwbare en realistische inzichten tot sleutel voor een goed werkend sociaal contract.

De structurele onderschatting van andersoortige kennis dan cijfermatige doorrekeningen zit ons in de weg bij het nadenken over de toekomst. Ervaringskennis bijvoorbeeld, die ontzettend belangrijk is aan elke beleidstafel in Den Haag. Het gesprek loopt anders als ook jongeren, een verpleegster, IT-expert of ondernemer meepraten. Kwalitatieve inzichten in maatschappelijke fenomenen helpen om in te zien wat voor het leven van mensen en de samenleving van waarde is, nu en later. Dat zijn niet altijd dagkoersen, van die hijgerigheid zouden we ook een beetje af moeten. Naast het goed scherp houden van wat er vandaag gebeurt, is de (middel)langetermijntrend van belang, inzichten die niet dagelijks of wekelijks wijzigen, maar die fundamenteel zijn als je over een aantal jaren kijkt. Zo ging het met klimaatverandering en zo is het ook met kansenongelijkheid.

Het is risicovol om alles wat niet (meteen of in detail) meetbaar is naar de achtergrond te duwen. Als sociale ongelijkheid in de tijd toeneemt omdat we wel bouwen maar die huizen niet betaalbaar zijn voor iedereen, en we van energiebronnen wisselen zonder mensen daarin mee te nemen en zonder een betrouwbare partner van ondernemers te zijn, nemen op termijn het wantrouwen en de spanning in de samenleving toe. Het ogenschijnlijk softe en minder meetbare wordt dan ineens keihard zichtbaar op een ander terrein en slaat terug in het gezicht. De overheid moet leren omgaan met de waarde van kennis die niet altijd cijfermatig is of elkaar tegenspreekt. Dat vraagt juist om nog beter afgewogen beleid als vanuit verschillende invalshoeken andere argumenten op tafel liggen. We moeten beter leren omgaan met de onzekerheid die daardoor wordt veroorzaakt, en we moeten de samenleving daarin veel beter meenemen.

Hierin schuilt een forse waarschuwing richting beleidsmakers die bezig zijn om Nederland pandemisch paraat te maken. De maatschappelijke effecten van een pandemie zijn niet terug te brengen tot een dashboard en een paar spreadsheets. Dat levert een schijnzekerheid in beleid op, alsof alles bekend is, terwijl onzekerheden groot zijn. Het gaat ook niet om de cijfers alleen, maar om de wegingen die je maakt, om begrip van wat zich in de samenleving afspeelt. Daar heb je kwalitatieve inzichten en verhalen uit de samenleving voor nodig. Dat hele palet moet in kaart worden gebracht en op waarde worden geschat. Een cijfermatig dashboard alleen gaat ons niet beter helpen in de volgende pandemische crisis (Putters, 2021).

Kennis en impact

Dat vraagt van onderzoekers (en onderzoekbureaus) dat zij beter naar beleidsmakers communiceren over de impact van bevindingen. En om dit gevraagd en ongevraagd te doen, dus ook maatschappelijke opgaven te formuleren en kennis daarover op tafel van de beleidsmakers en anderen te leggen, ook als die kennis politiek (nog) niet welgevallig uitkomt. Dat is de agenderende functie van een planbureau dat vanuit het perspectief van burgers kwesties op tafel legt. Het is vervolgens onvoldoende om de kennis in de brievenbus te stoppen en naar het volgende onderzoek over te gaan. Het SCP heeft om die reden in de achterliggende jaren een fundamentele omslag gemaakt van sterk monitorende activiteiten naar meer verklarend en verkennend onderzoek, dat kennis moet opleveren op belangrijke politiek bestuurlijke momenten, zoals rond de miljoenennota en een regeerakkoord, maar ook in situaties zoals ten tijde van de coronacrisis. Bijvoorbeeld over bredewelvaartafwegingen waarbij ook sociale ongelijkheid meeweegt in de besluitvorming, of het effect van segregatie in het onderwijs op sociale samenhang. Het gaat erom de feiten scherp te hebben over hoe het met mensen en de samenleving gaat, maar ook zicht te bieden op handelingsopties richting de toekomst. Daar is nog veel werk aan de winkel, maar dat is anno 2022 de kerntaak van het bijna vijftigjarige Sociaal en Cultureel Planbureau.

Uiteindelijk draait het daarbij natuurlijk om dialoog, en het behouden van je onafhankelijkheid als planbureau. Die bewijs je in dialoog en niet achter je bureau. In mijn periode bij het SCP hoorde het bij mijn baan om tot in de onderraden van de ministerraad mee te denken, het perspectief van burgers te agenderen, inzichten te delen en soms spiegels voor te houden. Met als basis ons wetenschappelijk onderzoek, maar ook in de rol van *trusted advisor*. Je moet vertrouwen in elkaar kunnen hebben om een stap verder te komen, of om te kunnen inspireren en blikwisselingen te entameren. En in de ambtelijke voorportalen en commissies waaraan onze SCP-onderzoekers deelnemen doen zij dat op hun manier. Dat is de professionaliteit van een planbureau-onderzoeker. Politiek-bestuurlijke sensitiviteit is een steeds belangrijkere competentie. Scherp zijn op grenzen, niet politiek gebruikt worden en zelf weten waar je rol als planbureau begint en eindigt.

Geen ambtelijke afzijdigheid, maar volwassen ambtelijk vakmanschap

Dit vraagt om nieuw ambtelijk vakmanschap van beleidsambtenaren. Departementen moeten niet alle deskundigheid uitbesteden, maar het ook in huis hebben om de onderzoeken van adviescolleges en planbureaus goed te kunnen vertalen naar beleid, en om de goede onderzoeksvragen (terug) te kunnen stellen. Het is van belang om in de beleidsvorming soms wat te vertragen en reflectie en creativiteit aan te boren (Frequin, 2021). Dat moeten de beleidsdepartementen zelf organiseren. Dialoog met het onderzoek organiseren. Alternatieve kennisbronnen (meer ervaringskennis en kwalitatief onderzoek) op tafel leggen. Anders erodeert de kennisfunctie die zo wezenlijk is in de aanpak van ingewikkelde vraagstukken. Kennis lever je niet af. Er moet een blikwisseling ontstaan. Creativiteit moet veel meer ruimte krijgen in de politiek-bestuurlijke besluitvorming en in de kennisinfrastructuur daaromheen.

Veranker wetenschappelijke kennis daarom richting het beleid op een betere manier dan nu gebeurt. Dat gaat niet over – de klassieke reflex – structuuraanpassingen. Het gaat om onze houding, om anders werken. Om de tijd die beschikbaar is om onderzoek te lezen en te vertalen naar de beleidspraktijk. Op departementen moeten (kennis)directies de tijd en ruimte krijgen om onderzoek te internaliseren, tegengeluiden op tafel te leggen en om kennissyntheses te maken. Inzichten krijg je niet één op één als oplossing voor een beleidsprobleem aangeleverd, daar moet de beleidsmaker ook zelf iets voor doen. En dat vraagt dus om onderzoekers die terugpraten, verbinding met beleid aangaat en op impact gericht is zonder gecommitteerd te raken. Discussies over de inmenging van beleidsambtenaren in onafhankelijk onderzoek, of over de modellen van planbureaus en het RIVM, maken duidelijk dat dit heldere afspraken en codes van integriteit vergt. En die zijn er ook. Ze betekenen echter niet dat onderzoek continu afstand van beleid moet houden, of andersom, dat beleidsambtenaren het gesprek met onderzoekers gaan mijden. Alleen samen komen we tot de blikwisselingen die zo nodig zijn in deze tijd.

Omarm het stille midden

Een sociaal contract is van de samenleving. Het moet dus ook het verhaal van de samenleving zijn. Dat vraagt iets meer dan van ik naar wij te gaan. Dan kom je uit bij 'ik en wij'. Dat zijn dus niet alleen de harde schreeuwers of de mensen die doorlopend tegengestelde meningen via pers en sociale media delen of cultiveren. Door technologie staan we dichter bij elkaar (we zien veel van elkaar), maar we staan tegelijkertijd ook losser van elkaar (bubbels) en de oude filters van informatie die bijdroegen aan betrouwbaarheid werken niet meer of verliezen hun functie (zoals de traditionele media, de polderinstituties of politieke partijen, die oordeelsvorming kanaliseerden). Er is een grote, doorgaans wat stillere middengroep die je niet zo snel op die kanalen hoort en die vaak een genuanceerde opvatting heeft. Veel mensen zijn zoekend, hebben niet gelijk een oordeel. Eerder in dit boek gaf ik al aan dat een grote middengroep in Nederland niet voortdurend boos is, maar wel onzeker. Over de toekomst en over hun kansen in het leven. Het leven is niet zwart of wit. En hun mening veelal ook niet. Ze houden er verschillende meningen op na en zijn niet zomaar in het ene of andere kamp te plaatsen.

Het publieke en politieke debat polariseert sneller dan de samenleving. Dat besef is belangrijk voor een samenleving en een politieke arena die steeds meer incident gedreven raken en via media op topsnelheid communiceren. We zien tegengestelde meningen en opvattingen op allerlei platforms, waardoor het lijkt alsof we de hele dag met z'n allen in een soort gepolariseerde toestand over straat lopen en elkaar geen ruimte meer gunnen. Zo is het gewoonweg niet. SCP-onderzoek laat keer op keer zien dat bij de meeste onderwerpen, of het nu het klimaatbeleid is, de corona-aanpak of zoiets concreets als een vaccinatieplicht, er sterke voor- en tegenstanders zijn, maar dat er ook een grote groep (de grootste groep veelal) tussenin zit die voors en tegens ziet, en genuanceerd denkt en best begrijpt waarom er afwegingen gemaakt worden – en die volgen (Continu Onderzoek Burgerperspectieven, 2008-2022).

Het midden is cruciaal om tot collectieve oordeelsvorming te kunnen komen in onze geïndividualiseerde samenleving. De optelsom van alle individuele meningen maakt nog geen collectief oordeel, laat staan een besluit.

Daar heb je een gedeelde basis en vertrouwen voor nodig. De politieke arena fragmenteert steeds verder. De rol van religie of ideologie als basis daarvoor is minder geworden en in de media zien we voortdurend tegenovergestelde meningen en rijen experts passeren. Het schept een beeld van 'daar heb je de zoveelste mening'. Voor mij als SCP-directeur is dat de reden geweest om heel spaarzaam aan de talkshowtafel aan te schuiven.

De kern van ons sociaal contract is dat we het vertrouwen hebben dat alle belangen gewogen worden ten behoeve van een gedeelde toekomst. De maatschappelijke opgaven scherper formuleren met breed draagvlak kan hierbij helpen. Om de samenleving mee te nemen op weg naar die toekomst, en in het streven naar meer duurzaamheid, inclusie, democratie en gezonde leefomgeving (dus: brede welvaart), blijft het onverminderd belangrijk dat de politiek een herkenbaar verhaal vertelt, juist ook voor deze middengroep, die een buffer tussen uitersten vormt. Het kabinet had het regeerakkoord langs die grote opgaven kunnen inrichten, en daarna ook jaarlijks de troonrede en de begrotingen, om daarmee die grote groep aan te spreken. Het deed dat (nog) niet. Die kans ligt er nog steeds. Op die manier zijn politiek en beleid meer gedwongen om over domeinen heen te kijken en te praten, door kokers heen te breken en het leven van mensen en de opgaven voor de samenleving centraal te stellen. Dan houd je ook rekening met die genuanceerde middengroep die behoefte heeft aan toekomstperspectief en wat meer zekerheid, en krijgen niet enkel de uitersten een podium met hun geschreeuw.

Het wordt tijd dat ook de groepen in het midden onderdeel worden van een verhaal over Nederland. We zijn een samenleving met een verhaal!

EEN GEÏNSPIREERD NAWOORD

Mijn reis door negen jaar Nederland, met soms een terugblik wat verder in de geschiedenis en een vooruitblik naar de toekomst, eindigt met een pleidooi voor een mens- en samenlevingsgerichte overheid. Ruimte voor zoeken, voor reflectie en leren, maar vooral gericht op impact in het om kunnen gaan met de uitdagingen van deze nieuwe tijd. Het was een bijzondere periode als SCP-directeur, met inspirerende ontmoetingen, creatieve inzichten en verbinding met mooie mensen. Zowel in de politiek als in het beleid, de wetenschap en in de samenleving. Ik ben dankbaar voor het vertrouwen dat zovelen mij gaven.

Inmiddels ben ik er ook uit hoe ik moet omgaan met de vaak gestelde vraag om te komen inspireren. Want wat vragen mensen eigenlijk als ze zeggen 'kom ons even inspireren' en helpen aan creatieve blikwisselingen? Het kan een wat gemakkelijke vraag zijn om passief te luisteren en zelf niets te hoeven doen. Het kan ook iets in beweging zetten. Ik vond hierover houvast in de Bijbelwetenschappen.

Daar wordt onderscheid gemaakt tussen *mechanische* inspiratie en *organische* inspiratie. Bij mechanische inspiratie stelt de Bijbelschrijver zich op als 'een passief werktuig', die zich laat bezielen. Het werk wordt als het ware door de Bijbel gedaan, de schrijver tekent louter op. Bij organische inspiratie is de hele persoon actief betrokken en ontstaat er ruimte voor het verwerken van de resultaten van geïnspireerd worden. Daarbij is inspiratie dus een wisselwerking geworden, een actieve houding. Een werkwoord.

Inspiratie staat letterlijk voor inademen, het opzuigen van lucht naar de longen. In spreektaal bedoelen we er bezieling mee, ideeën hebben en ingevingen krijgen. Ook deze definitie uit het spiritueel woordenboek bleef hangen: 'Het is een bewustzijnstoestand waarin iemand over het maximum van zijn scheppend vermogen beschikt en schijnbaar moeiteloos problemen oplost, oplossingen aandraagt of ideeën genereert.' In de Griekse Oudheid werd de inspiratie toegeschreven aan de muzen, en in religies staat het voor de werking van de Geest van God in mensen zoals in Bijbelteksten. Mensen vragen nogal wat met zo'n verzoek om inspiratie.

Inspiratie betekent dus in feite dat je een kijkje in jezelf neemt, dat je in verbinding komt met alles wat je leven betekenis geeft. Geïnspireerd worden helpt te luisteren naar je innerlijke stem op een positieve manier. Of dat nu werkgerelateerd is of over andere vragen des levens gaat. In onze tijd lijkt het verzoek te komen inspireren op een zoektocht naar bezieling en zelfreflectie. Iemand die geïnspireerd wil worden is duidelijk ook zelf aan zet. Voor inspiratie moet je verbinding maken en je eigen aannames ter discussie willen stellen. Het is meer dan luisteren naar een leuk praatje.

Voor inspiratie zijn dus een paar dingen nodig. Iets of iemand die bezieling brengt, als het ware een boodschapper, een vaandeldrager of een aangever. Maar ook een ontvanger die luistert, vertaalt, terugpraat en de inspiratie mee tot leven brengt. Inspiratie werkt als het een wisselwerking is. Een passieve houding past niet, levert geen echte inspiratie op. Dus als iemand vraagt te komen inspireren, geeft hij of zij ook zichzelf een opdracht. Het vraagt meer dan luisteren. Voor conferenties met 'inspirerende' sprekers zijn inspirerende luisteraars en gesprekspartners nodig. Je brengt het niet, je creëert het. Samen.

In dit boek heb ik u willen laten zien dat de inspiratie voor een verhaal voor Nederland voor het oprapen ligt in de samenleving. U hebt mij of het SCP er eigenlijk niet voor nodig, of tenminste niet alleen. U moet er zelf iets tegenover zetten. De inspiratie begint bij u zelf en het SCP gaat daar ongetwijfeld ook de komende jaren graag met u over in gesprek om tot blikwisselingen te komen.

GEBRUIKTE LITERATUUR

Algemene Rekenkamer, 2021. *Brief d.d. 31 maart 2021 aan de Tweede Kamer met Aandachtspunten bij het Nationaal Programma Onderwijs (NPO).* Algemene Rekenkamer, Den Haag.

Beugelsdijk, S., J. de Hart, P. van Houwelingen en M. Versantvoort (red.), 2019. *Denkend aan Nederland. Sociaal en Cultureel Rapport 2019.* Sociaal en Cultureel Planbureau (SCP), Den Haag.

Beugelsdijk, S., 2021. *De verdeelde Nederlanden. Hoe een perfecte storm een klein land dreigt te splijten (en wat we daaraan kunnen doen).* Uitgerij Balans, Amsterdam.

Boer, A. de, M. de Klerk, D. Verbeek-Oudijk en I. Plaisier, 2020. *Blijvende bron van zorg.* SCP, Den Haag.

Broek, A. van den, C. van Campen, J. de Haan, A. Roeters, M. Turkenburg en L. Vermeij (red.), 2016. *De toekomst tegemoet. Leren, werken, zorgen, samenleven en consumeren in het Nederland van later. Sociaal en Cultureel Rapport 2016.* SCP, Den Haag.

Centraal Bureau voor de Statistiek (CBS), 2021. *Monitor brede welvaart en de Sustainable Development Goals 2021.* CBS, Den Haag/Heerlen/Bonaire.

Continu Onderzoek Burgerperspectieven (COB) 2008-2022. SCP, Den Haag.

Dekker, P., 1994. *Civil society. Verkenningen van een perspectief op vrijwilligerswerk.* SCP, Den Haag.

Dijkgraaf, R., 2014. *Blikwisselingen*. Prometheus, Amsterdam.
Echteld, P. van, K. Sadiraj, S. Hoff, S. Muns, K. Karpinska, D. Das, M. Versantvoort, m.m.v. L. Putman, 2019. *Eindevaluatie van de Participatiewet*. SCP, Den Haag.
Engbersen, G., et al., 2021. *De laag-vertrouwensamenleving. De maatschappelijke impact van COVID-19 in Amsterdam, Den Haag, Rotterdam en Nederland. Vijfde meting*. Rotterdam/Leiden.
Essen, C. van, W. Leenders, A. Lejour, J. Möhlmann en S. Rabate, 2022. *Ongelijkheid en herverdeling*. Centraal Planbureau (CPB), Den Haag.
Frequin, M., 2021. *Kompas voor publiek leiderschap – visie op wenselijke leiderschapsrichtingen*. Algemene Bestuursdienst, Den Haag.
Hart, J. de, P. van Houwelingen en W. Huijnk, 2022. *Buiten kerk en moskee. Religie in een pluriforme samenleving. Diversiteit en verandering in beeld.* SCP, Den Haag.
Hoff, S., C. Vrooman, J. Idema, J. Boelhouwer en J. Kullberg, 2021. *Verschil in Nederland 2014-2020*. SCP, Den Haag.
Houwelingen, P. van, A. Boele en P. Dekker, 2014. *Burgermacht op eigen kracht? Een brede verkenning van ontwikkelingen in burgerparticipatie*. SCP, Den Haag.
Janssen, M. en K. Putters, 2022. *Topvorm. Lessen voor de prestatiemaatschappij*. Prometheus, Amsterdam.
Kuijper, L. en K. Putters, 2020. *Zicht op de samenleving in coronatijd*. SCP, Den Haag.
Meijer, R., 2021. *De onmisbaren. Een ode aan mijn sociale klasse*. Prometheus, Amsterdam.
Mensink, W., A. Boele en P. van Houwelingen, 2013. *Vrijwillige inzet en ondersteuningsinitiatieven. Een verkenning van Wmo-beleid en praktijk in vijf gemeenten.* SCP, Den Haag.
Mensink, W., 2018. *Verdeeldheid en verbinding. Terugblik op de*

rol van de civil society bij de komst van vluchtelingen. SCP, Den Haag.

Mensink, W., 2021. *Barstjes in de lokale gemeenschap. Conflicten over verduurzamingsplannen in de leefomgeving.* SCP, Den Haag.

Ministerie van Volksgezondheid, Welzijn en Sport (VWS), 2022. *Brief d.d. 1 april 2022 aan de Tweede Kamer over de lange termijn aanpak COVID-19.* VWS, Den Haag.

Moor, T. de, 2013. *Homo cooperans. Instituties voor collectieve actie en de solidaire samenleving.* Rijksuniversiteit Utrecht, Utrecht.

Nederlands Instituut voor Oorlogsdocumentatie (NIOD), 2022. *Onafhankelijkheid, dekolonisatie, geweld en oorlog in Indonesië, 1945-1950. Presentatie resultaten onderzoeksprogramma d.d. 17 februari 2022.* NIOD, Amsterdam.

Noije, L. van en K. Putters, 2018. 'Hoeveel ongelijkheid kan een democratische rechtsstaat verdragen?' In: *Nederlands Juristenblad*, jg. 2, nr. XX, p. 94-99.

Omtzigt, P., 2021. *Een nieuw sociaal contract.* Prometheus, Amsterdam.

Parlementaire Ondervragingscommissie Kinderopvangtoeslag (POK), 2020. *Ongekend onrecht. Eindverslag d.d. 17 december 2020.* Tweede Kamer, Den Haag.

Passchier, R., 2020. 'Digitalisering en de (dis)balans binnen de trias politica', *Ars Aequi*, maandblad, oktober 2020.

Plaisier, I. en M. de Klerk, 2018. *Net als thuis. Wooninitiatieven opgezet door ouders voor hun kinderen met een beperking.* SCP, Den Haag.

Planbureau voor de Leefomgeving (PBL), 2020. *Balans van de leefomgeving 2020.* PBL, Den Haag.

Platform Perspectief Jeugd, 2022. *Eerste advies van de maatschappelijke begeleidingscommissie bij het Nationaal Programma Onderwijs (NPO) aan de Minister van OCW.* Den Haag.

Putters, K., 2014. *Rijk geschakeerd. Op weg naar de participatiesamenleving. Essay.* SCP, Den Haag.

Putters, K., 2017. *Was getekend. Op weg naar een vernieuwd sociaal contract in de zorg*. Erasmus Universiteit Rotterdam (oratie).

Putters, K., 2018. *Een lokaal sociaal contract.* SCP, Den Haag.

Putters, K., A. van den Broek, A. van der Torre, M. Olsthoorn, E. van den Berg, W. Mensink, L. Vermeij, M. Coenders en A. Wennekers, 2018. *Verhalen blijven vertellen en elkaar willen begrijpen. Bundel over herdenken, vieren en vrijheid ter gelegenheid van de Damspeech die Kim Putters op 4 mei 2018 uitsprak.* SCP, Den Haag.

Putters, K., 2019. *Veenbrand. Smeulende kwesties in de welvarende samenleving*. Prometheus, Amsterdam.

Putters, K., 2021. *De machinekamer van de coronacrisis. Een meervoudige crisis vraagt om een meervoudige aanpak. Essay.* SCP, Den Haag.

Putters, K., 2021. *Nieuwe bestuurscultuur begint bij herijking van het sociaal contract.* De Van Slingelandtlezing voor de Vereniging voor Bestuurskunde, november 2021. SCP, Den Haag.

Raad voor de Volksgezondheid en Samenleving, 2020. *(Samen)leven is meer dan overleven. Advies d.d. mei 2020 over de corona-aanpak aan het kabinet.* RVS, Den Haag.

Raad voor de Volksgezondheid en Samenleving en het Sociaal en Cultureel Planbureau, 2022. *Briefadvies corona. Zet burger centraal in duidelijke langetermijn visie op corona*. RVS/SCP, Den Haag.

Regeerakkoord Kabinet-Rutte IV, 2021. *Omzien naar elkaar, vooruitkijken naar de toekomst. Coalitieakkoord 2021-2015 VVD, D66, CDA en ChristenUnie*. Den Haag.

Roeters, A., P. van Echteld, C. Vrooman, J.D. Vlasblom en

M. Olsthoorn, 2021. *De veranderende wereld van werk. Een verkenning van de kwaliteit van werk in de toekomst.* SCP, Den Haag.

Schakel, W., 2020. *Politieke (on)gelijkheid in de democratie.* Universiteit van Amsterdam, Amsterdam (dissertatie).

SCP, CPB en PBL, 2019. *Brief aan de Tweede Kamer van de planbureaus inzake brede welvaart d.d. 15 mei 2019.* Den Haag.

SER, 2021. *Werken zonder armoede.* Sociaal-Economische Raad, Den Haag.

SER Jongerenplatform, 2019. *Hoge verwachtingen. Kansen en belemmeringen voor jongeren in 2019. Verkenning door het SER Jongerenplatform.* SER, Den Haag.

Stam, E., 2022. *Theorieën van de onderneming. De winst van een dynamische brede welvaartsbenadering.* WRR *Working paper nr. 52.* WRR, Den Haag.

Studiegroep Begrotingsruimte, 2020. *Koers bepalen. Kiezen in tijden van budgettaire krapte. Rapport van de 16e studiegroep Begrotingsruimte.* Ministerie van Financiën, Den Haag.

Studiegroep Interbestuurlijke en Financiële Verhoudingen (Commissie Ter Haar), 2020. *Als één overheid – slagvaardig de toekomst tegemoet!* Tweede Kamer, Den Haag.

Sociaal en Cultureel Planbureau, 2020. *Dossier Maatschappelijke Effecten Corona. Website met alle onderzoeken en adviezen van het* SCP *aan het kabinet en het parlement ten tijde van de coronacrisis.* SCP, Den Haag.

Sociaal en Cultureel Planbureau, 2021. *Koersen op de samenleving. Maatschappelijke opgaven en kansrijke oplossingen door de bril van burgers bezien. Inbreng ten behoeve van de kabinetsformatie d.d. 10 april 2021.* SCP, Den Haag.

Sociaal en Cultureel Planbureau, 2022. *Reflectie op het coalitieakkoord 2021-2025 vanuit het burgerperspectief.* SCP, Den Haag.

Tiemijer, W., 2017. *Wat is er mis met maatschappelijke scheids-*

lijnen? WRR Verkenning nr. 35. Wetenschappelijke Raad voor het Regeringsbeleid (WRR), Den Haag.

Tjeenk Willink, H.D., 2019. *Groter denken, kleiner doen. Een oproep*. Prometheus, Amsterdam.

Tjeenk Willink, H.D., 2021. *Kan de overheid crises aan?* Prometheus, Amsterdam.

Turkenburg, M. en R. Vogels, 2017. *Beroep op het mbo. Betrokkenen over de responsiviteit van het beroepsonderwijs*. SCP, Den Haag.

Tweede Kamer, 2021. *Eindverslag van informateur Tjeenk Willink d.d. 30 april 2021*. Den Haag.

Vogels, R., M. Turkenburg en L. Herweijer, 2021. *Samen of gescheiden naar school. De betekenis van sociale scheiding en ontmoeting*. SCP, Den Haag.

Voorberg, W., 2017. *Co-creation and co-production for public service innovation. A research to its appropriateness in a public sector context*. Erasmus Universiteit Rotterdam (dissertatie).

Vrooman, C. et al., 2012. *Een beroep op de burger. Minder verzorgingsstaat, meer eigen verantwoordelijkheid? Sociaal en Cultureel Rapport 2012*. SCP, Den Haag.

Vrooman, C., E. Josten, S. Hoff, L. Putman, J.M. Wildeboer Schut, 2018. *Als werk weinig opbrengt*. SCP, Den Haag.

Vrooman, C., M. Gijsberts en J. Boelhouwer (red.), 2014. *Verschil in Nederland. Sociaal en Cultureel Rapport 2014*. SCP, Den Haag.

Wetenschappelijke Raad voor het Regeringsbeleid, 2017. *Weten is nog geen doen. Een realistisch perspectief op redzaamheid*. WRR, Den Haag.

Wetenschappelijke Raad voor het Regeringsbeleid en de Koninklijke Nederlandse Akademie voor Wetenschappen, 2021. *Navigeren en anticiperen in onzekere tijden*. WRR/KNAW, Den Haag.

WOORD VAN DANK

Bij het schrijven van dit boek hebben verschillende mensen mij voorzien van suggesties en commentaren op eerdere versies. Ik ben hen daarvoor zeer erkentelijk, onder wie Marjolijn Olde Monnikhof, Pauline Meurs, Maarten Janssen, Mirjam de Klerk, Marc van Gool, Niek Verkaik, Margriet Bokhorst, Yvonne Zonderop, Bernadet Naber, Marieke van Oostrom en Mieke Rambhadjan voor alle ondersteuning. En vooral Marhijn Visser.